불길을 걷는 소방관

BEGINNER SERIES 5

불길을 걷는 소방관

글 김강윤

소방관을 꿈꾸는 이들을 위한 직업 공감 이야기

크록

추천사

• 소방청장, 이흥교

부산소방재난본부장으로 재직할 당시 김강윤 교수를 처음 만나 이야기를 나눈 적이 있었다. 그때 나는 그가 적어도 소방관이라는 직업을 스스로 귀하게 여기고 있다는 것을 알 수 있었다. 소방관으로서 거창한 사명감이나 자부심이 아니더라도 함께 일하는 동료를 아끼고, 작은 것이라도 자신에게 주어진 일을 훌륭히 수행해나가는 모습을 보며 같은 소방관으로서 자랑스럽게 여기지 않을 수 없었다. 김강윤 교수의 글은 그가 소방관으로 살아오며 가진 날 것 그대로의 모습이다. 화려한 수식과 겉치레를 걷어내고, 더할 것도 뺄 것도 없이 삶과 죽음의 현장에서 겪은 생생한 기억이다. 그런 경험을 이렇게 책으로 보여줄 수 있다는 것에 또 한 번 놀라움과 함께 고마움을 느낀다.

소방관은 사회를 구성하는 하나의 직업인이며 누군가의 가족 그리고 친구다. 그래서 이 책은 대단한 직업적 소명 의식을 이야기하기보다 일하며 겪은 기억과 경험을 있는 그대로 알려주어 많은 사람들이 소방관의 속사정을 조금이라도 알아가는 데 도움이 되리라 믿는다. 특히, 이 땅의 많은 청년들이 자신이 소방관이라는 일에 힘차게 도전할 수 있도록 해줄 것이다. 아울러 지금도 대한민국의 안전을 지키기 위해 낮과 밤을 가리지 않고 일하고 있는 동료 소방관들에게 감사와 경의를 표하며 부디 우리의 삶이 '안전'하기를 기도한다.

- 부산소방학교장, **진용만**

우리가 사는 현재에는 수많은 직업이 존재하고 있다. 그리고 공직자로서 여러 분야에서 근무하고 계시는 분들도 있지만 소방관이라는 직업은 공직자 중에서도 위험하고 힘든 직업이라는 것에 누구나 공감하고 계실 줄 안다. 또한 모든 공직자가 국민에 대한 봉사자로서 묵묵히 실천하고 계시지만 특히 소방관이라는 직업은 국민에 대한 헌신과 봉사가 더욱 요구되는 직업이기도 하다.

본인 역시 30년을 넘게 소방관으로 살면서 이루 말할 수 없는 그간의 속내를 누군가에게 이야기로 나눌 수 있는 때가 오면 좋겠다는 마음을 지니고 있었는데 이 책이 그 역할을 할 듯하다. 그동안 부산소방학교에서 함께 근무하고 있는 김강윤 교수를 보면 맡고 있는 직책의 무거움과 바쁜 일상에서도 늘 웃음을 잃지 않고 새내기 소방관들에게 대한 교육을 책임 있고 성실하게 수행하고 있다. 그리고 일선 소방 현장에서도 수난구조 전문가로 많은 활약을 해왔고 많은 화재 현장에서 경험을 한 사람이다. 이 책을 통해 새내기 소방관들에게 그의 뜻이 충분히 전달될 것으로 보인다. 특히 소방관에 대해 궁금했거나 소방관이 되고자 하는 사람이라면 더 큰 도움이 될 것이다. 아무쪼록 소방관의 한 사람으로서 그의 마음이 이 책을 통해 세상에 잘 전달되기를 바란다.

- 카자흐스탄 나자르바예프 대학교 수학과 교수, **이응현**

우리는 소방관들의 고마움을 말하면서 그들의 삶은 얼마나 알고 있었을까. 나는 김강윤 소방관의 사촌 형이면서 부끄럽게도 사촌 동생이 소방관으로서 어떠한 삶을 살고 있는지 잘 알지 못했다. 하물며 주변에 소방관이 없다면, 우리 일반 시민들에게 그들의 삶의 모습은 화재 현장, 구조 현장의 모습이 대부분인지도 모르겠다. 이 책을 통해 앞으로 소방관이 되고자 하는 분들, 미래에 소방관들에게 도움을 받을지도 모르는 우리 모두 그들의 삶의 모습을 한번 들여다보자. 이 책은 미래의 소방관들에게는 선배의 소중한 조언이 될 것이며, 일반 시민들에게는 우리가 모르고 있었던 소방관들의 삶의 모습들을 조금 더 가까이서 볼 수 있는 기회가 될 것이다.

• 《초성장 독서법》 저자, **전준우**

언젠가 길을 가다가 작은 카페에 들러 커피를 사는 119 구조대원분들을 만났다. 그 뒷모습을 한참 동안 지켜보다가 발걸음을 옮겼다. 내가 따뜻한 방에 누워 코를 골며 잠을 자는 동안 누군가의 생명을 구하고 있었을 그들의 모습이, 오늘 하루를 무사히 보냈음에 감사해 하며 내일을 시작할 그들의 모습이, 죽음에 대한 두려움과 남겨진 가족에 대한 미안함을 애써 머릿속에서 지워가며 매 순간을 살아왔고, 또 앞으로도 그러한 삶을 숙명으로 받아들이며 담대하게 살아갈 그들의 뒷모습이 태산처럼 느껴져서 한참을 바라보았다.

그런 경험 때문이었을까. 김강윤 소방관님을 생각하면 나도 모르게 눈물이 난다. 그의 글을 읽으면서 한 인간을 향하여 이렇게 정직한 존경심을 가져본 적이 있었나 싶을 정도로 깊은 감동을 받았다. 눈에 넣어도 아프지 않을 귀한 딸의 아버지로, 현명한 아내의 남편으로, 연약한 인간으로 사는 건 대다수 남자들의 운명이지만, 타인의 생명을 자신의 목숨보다 귀하게 여겨야만 하는 숙명을 가진 소방관으로서의 삶이 나에게 그토록 큰 존경심을 불러일으킬 줄은 몰랐다.

이후 길거리에서 마주치는 소방관들을 볼 때마다 간절한 기도가 나온다. 저들이 구하고자 하는 생명의 목숨만큼 귀한 저들의 생명 역시 지켜달라고, 저들이 만나는 모든 두려움과 고난의 순간들을 이겨내고 무사히 가족의 품으로 돌아갈 수 있도록 도와달라고. 매일 저녁 사랑하는 딸과 아내의 손을 잡고 "오늘도 가족의 품 안에서 의미 있는 하루를 보낼 수 있어서 행복하다"고 이야기할 수 있는 위대한 아버지로, 훌륭한 남편으로, 정직한 마음이 담긴 글을 쓰는 작가로, 무엇보다 존경스러운 소방관으로 남게 되길 기원한다.

• 부산 동래소방서 소방관, **배태랑**

나에게 있어 이 책의 저자는 자랑스러운 아버지의 동료이며, 어릴 적부터 알고 있던 멋진 삼촌이다. 소방관에 대해 잘 모르던 유년기에는, 소방관이라는 직업에 대해 자신감과 자부심이 있는 멋있는 분이라고만 생각했다. 이후 소방관이 된 나는 몇 번의 현장을 겪으며, 이러한 현장을 얼마나 많이 겪고 노력이 더해져야 그런 자신감과 자부심이 나올 수 있는지, 정말 대단한 사람이구나 싶었다. 소방 생활을 갓 시작하는 나에겐 이러한 선배 소방관님이 계신다는 것, 동시에 나 또한 같은 소방관이라는 것 자체로 자부심이 들며 자랑스러울 따름이다.

이 책은 말 그대로 소방관들이 겪는 일들이 모두 적혀있는 책이다. 일반적으로 많은 사람들은 대중매체로 접하는 소방관의 모습에 공감한다고 생각한다. 이 책을 읽고 난 후, 전부는 아니더라도 소방관들에 대해 새로운 면을 알아가고 좀 더 공감해줄 수 있지 않을까 싶다. 더불어 소방관을 준비하는 분들에겐 '한 명의 소방관으로서 떳떳하게 같은 옷을 입고 같은 일을 하고야 말겠다!' 하는 그런 가슴 뛰는 동기부여가 될 수 있지 않을까 한다. 끝으로 이 책에 추천사를 쓸 수 있게 해주신 김강윤 주임님께 감사의 인사를 드리며 언젠가 선배님 같은 멋진 소방관이 되겠다고 말씀드리고 싶다.

CONTENTS

Part 2
소방관 꿈의 불을 지피다

Part 3
활활 타오르는 꿈을 향한 열정

Part 4
거센 불길을 뚫고 소방관이 되다

지난봄,

하늘로 먼저 떠나버린 후배 소방관 이민기에게 이 글을 바칩니다.

PROLOGUE

21년 전인 2001년 3월 4일 새벽 3시 37분. 대한민국 소방 역사에 가장 슬픈 사고로 기억되고 있는 서울 서대문구 홍제동 다세대주택 화재는 누군가 다급히 외치는 말로 시작되었다.

"안에 사람이 있어요!"

불에 타 무너질지도 모르는 오래된 다세대주택 안에 9명의 소방관이 서슴없이 들어간 이유는 바로 이 말 때문이었다. 그 안에 누군가가 소방관을 기다리고 있을 거라는 것. 0.1%의 가능성이라도 있다면 그렇게 사지死地로 들어가야만 했던 소방관들. 자신을 보호해 줄 장비는 턱없이 부족했지만 불이 아니라 물에 젖지 않는 비옷 같은 방수복을 입고 들어갔다면 믿을 수 있겠는가? 그것이 부족한 것인지조차 몰랐을 젊은 소방관들은 불과 얼마 뒤에 그곳에서 다시 살아나오지 못한다. 끝내 구할 사람이 아무도 없었던 그곳에서 말이다. 여섯은 죽고 셋은 살았다. 살아남은 감사함도 잠시, 산 사람은 살아난 것이 더 고통스러웠다고 한다. 살아서 힘들었고 죽은 이가 보고 싶어 죽고 싶었다고 한다. 죽은 자의 얼굴이 동판에 새겨져 일터에 만들어졌고, 잊지 말자고 하며 차가운 얼굴을 손으로 어루만졌다. 하지만 세상은 서

서히 그들을 잊어갔다. 그러나 살아남은 자들은 그러지 못했다. 어찌 잊을 수 있을까? 같은 소방관, 같은 아빠, 같은 아들 그리고 같은 공간에서 같은 시간을 보냈던 형제들이 얼마나 보고 싶을까?

그날 홍제동에서 죽어 떠나버린 나의 선배들을 나는 알지 못한다. 나는 이 사고가 있고 7년 후에 소방관이 되었기 때문이다. 그래서 그들이 죽은 지 21년이 된 지금, 비명에 쓰러져간 선배들의 사고 현장을 언급한다는 것이 못내 면구하다. 그렇더라도 굳이 아픈 역사를 글의 서두에 적는 이유는 같은 일을 하는 한 사람으로서 하늘에 있는 이들을 잊지 않고 기억해야 하기 때문이다. 그래야만 나 역시 같지만 다른 불 속으로 뛰어들 용기를 가질 수 있을 것 같아서다. 세상에 있는 수만 가지 직업 중 하나일 뿐, 하는 일이 뭐 그리 어려운가 하고 물어도 어쩔 수 없다. 어차피 누가 알아주기 바라는 마음에 뛰어든 일이 아니었고, 그렇게 내세우려 하는 일은 더욱 아니다. 그리고 지금도 현장에서 사력을 다해 타인의 생명과 재산을 지키기 위해 노력하고 있는 대한민국의 모든 소방관을 대표해 우리의 이야기를 적어 세상에 내보인다는 무거운 책임

감과 사명감을 함께 느낀다. 하늘의 별이 된 선배 동료들 그리고 살아남아 업을 이어가고 있는 또 다른 동료들이 하는 이일을 조심스럽게 다른 이에게 말해보고자 한다.

소방관에게 존경을 표하며 우리의 일을 하고자 하는 이 땅의 많은 젊은이가 있다는 것을 항상 고맙게 생각하고 있다. 그러던 차에 이렇게 나의 직업을 누군가에게 말할 수 있는 기회가 온 것은 어쩌면 내가 글 쓰는 소방관이 되고자 마음먹은 후 가장 보람된 일이 아닐까 한다. 그래서 글을 쓰는 내내 읽는 이들에게 뭐라도 도움이 될 만한 것들을 전하기 위해 진심으로 노력했다. 깊게 생각해 펼쳐놓은 내 속마음도 있고, 어쩌면 이미 알려진 소소한 정보들도 함께 실었다. 부디 소방관을 직업으로 선택하려는 이들에게 이 모든 것이 잘 전달되길 바란다. 세상에 보이는 것이 다가 아닌 이면에 있는 소방관들의 모습도 자세히 담으려 노력했다. 아울러 가장 가깝게 제시된 통계나 수치를 찾아 제공하여 정보의 신뢰성도 높였다. 쓰는 내내 즐겁기도 했고 부담되기도 했지만 언제나 글은 나 자신을 치유한다는 것을 다시 한번 느꼈다. 글 쓰는 귀한 일을 맡겨 준 한국학술정보 식구들에게 진심으로 감사한 마음을 전한다. 소방관 아빠를 자랑스러워하는 하나밖에 없는 딸 규린이와 내 생에 모든 것을 바쳐도 아깝지 않을 나의 아내 이민희에게도 한없이 고맙다. 그리고 오늘도 무거운 장비를 들쳐메고 현장으로 뛰어드는 전국의 모든 소방관에게 경의를 표하며 세상의 빛이 그들을 보호하길 기도한다.

Part 1 소방관이라는 꿈의 불씨

1   소방관이
하는 일

"식사하세요~!"

사무실 천장 스피커에서 낭랑한 목소리가 들려온다. 동시에
조용하고 삭막하던 119안전센터 사무실에 생기가 돈다. 아침
일찍부터 무뚝뚝한 표정으로 앉아 분주하게 일을 하던 소방
관들의 얼굴에 화색이 돈다. 누가 먼저랄 것도 없이 벌떡 일
어나 2층에 있는 직원 식당으로 올라간다. 식당 입구 앞에서
부터 맛있는 음식 냄새가 코를 찌르니 소방관들의 발걸음이
빠르다.

"어서들 와. 배고프지?"

소방관들의 식사를 준비해주시는 식당 이모님의 얼굴도 즐겁
다. 가지런히 놓인 식판을 하나씩 들고 먹음직스럽게 준비된
반찬과 밥을 옮겨 담아 자리에 앉는다. 새어 나오는 군침을
겨우 참으며 하얀 쌀밥을 한 숟가락 크게 떠서….

"화재 출동! 화재 출동!"

순간 식당 안에 모든 소방관의 동작이 정지되고 스피커를 일제히 쳐다본다. 그러는 찰나 모두 식당 문을 박차고 뛰어나간다. 들고 있던 숟가락에 밥은 그대로이고 옮겨 담던 반찬은 식판에 덜 채워진 채 말이다. 그리고 불과 1분도 안 된 사이 커다랗고 빨간 소방차에 시동이 걸린다. 앞뒤로 소방관들이 빼곡히 올라탄다. 조금 전의 식사를 위해 보인 표정과는 정반대다. 약간은 긴장되고 조금은 흥분된 표정의 소방관들은 이내 평정심을 유지하며 언제나 그랬듯 무거운 방화복과 장비를 착용한다. 쉼 없이 들리는 무전 소리. 불이 난 곳 상황을 끊임없이 알려주는 상황실 요원의 목소리가 다급하다. 무전을 들으며 장비를 점검하는 소방관들의 표정은 어느새 비장하게 변해 있다. 집채만 한 소방차는 특유의 엔진 굉음과 찢어질 듯한 사이렌 소리를 동시에 내지르며 도심의 큰 도로를 질주한다. 이윽고 저 멀리 보이는 건물에서 시커먼 연기와 시뻘건 화염이 동시에 솟아오르는 것이 보인다. 소방관들은 말없이 자신의 장비를 한 번 더 점검하고 입고 있는 방화복의 매무새를 다잡는다. 소방차는 불타고 있는 건물 앞에 정지했다. 4명의 소방관이 소방차에서 내려 그곳으로 걸어간다. 그들의 걸음걸이는 빠르지만 뛰지 않으며 신중하되 주저함이 없다. 걸어 들어가는 그들 앞으로 시커먼 재를 뒤집어쓴 사람들이 울부짖으며 뛰쳐나온다. 살기 위해 아비규환 속에서 겨우 빠져나온 것이다. 소방관들은 뛰쳐나오는 그들 사이로 들어간다. 아직 그곳에 있을 누군가를 살리기 위해 걸어간다. 모두가 살려고 나오는 곳에 그들은 누군가를 살리기 위해 들어간다.

소방관의 일상적인 모습이다. 특별할 것도 없고 더할 것도 없는 있는 그대로이다. 누군가에게는 평범한 하루의 점심시간이 소방관들에겐 생의 마지막 오찬일 수가 있다. 잠시 전까지만 해도 누구나 먹는 식사를 눈앞에 두고 있었다. 그러나 그한 끼의 밥조차 기약할 수 없는 지옥 같은 불 속으로 그들은 걸어 들어간다. 살면서 한 번 볼까 말까 한 생사의 찰나를 그들은 매일 목격한다. 영화는 아니지만, 영화 속에서나 볼 수있는 곳이 이들의 일터다.

우리가 소방관이라고 부르는 사람들을 조금 더 자세히 보자면 화재진압대원과 구조대원 그리고 구급대원으로 나눌 수있다. 화재진압대원은 불과 맞선다. 불은 인간을 이롭게 하지만 때론 모든 것을 앗아간다. 불은 마치 살아있는 생명체처럼 미친 듯이 날뛰며 생활 터전을 순식간에 집어삼킨다. 인간이 만든 모든 종류의 가공품을 남기지 않고 까만 재로 만든다. 화재진압대원들은 불을 말 그대로 진압해야 한다. 화재진압대원의 무기는 물이다. 혼자서는 들기도 버거운 엄청난 수압의 호스를 손과 겨드랑이로 움켜잡고 불 속으로 간다. 그들은 불이 타면서 발생하는 유독가스와 연기 그리고 자신의 몸을 태워버릴지도 모르는 화염과 사투한다. 열기와 연기와 맞서는 화재진압대원은 때론 살아 돌아갈 수 없을 수도 있다는 두려움과도 싸워야 한다. 한 모금만 마셔도 숨이 막혀 살 수없는 유독가스는 이미 소방관의 주위를 가득히 둘러싸고 있다. 쓰고 있는 공기호흡기만이 소방관을 숨 쉬게 한다. 그렇게 불과의 사투는 계속된다. 불은 쉽게 꺼지지 않는다. 보란 듯이 이쪽 벽에서 저쪽 벽으로 넘나들면서 쫓아오는 소방관을 농락한다. 소방관은 더욱 강한 수압으로 물을 뿌리며 불의 뒤를

쫓는다. 때론 빠르게^{직사 주수}, 때론 넓게^{분무 주수} 쏜다. 그렇게 한참을 사투 끝에 불은 겨우 고개를 숙인다. 그제야 화재진압대원은 한숨을 크게 쉬며 옆을 바라본다. 함께 호스를 들고 사투를 벌여준 동료의 숨소리가 이제야 들린다.

화재진압대원이 불을 끄고 있는 동안에 구조대원들은 안에 있는 사람을 구한다. 그들은 거침이 없다. 불에 맞설 물이 그들의 손에 없다. 손에는 화염의 열기와 연기 속에서도 생명을 찾을 수 있는 열화상 카메라나 잠겨있는 문을 부술 때 사용하는 다목적 도끼 같은 파괴 장비가 들려있다. 한 치 앞도 보이지 않는 화재 속에서 구조대원들은 오로지 살아있는 생명을 찾고 또 찾는다. 그것이 무엇이든 숨 쉬고 있는 모든 것을 안전한 곳으로 꺼내야 한다. 아니, 산목숨이건 죽은 목숨이건 어쨌든 데리고 나가야 한다. 살리기 위해 껴안아야 한다. 아무도 살아나갈 수 없을 것 같은 그 순간, 생명이 살고 죽는 일은 신의 영역이지만 그들이 죽지 않게 구하는 일은 구조대원의 몫이다. 설상 죽었다 하더라도 다시 살릴 수 있을 거라는 희망으로 늘어진 육신을 들쳐메고 나온다. 구조대원들이 사람을 구하는 영역은 화재 현장만이 아니다. 차갑고 깊은 물속으로 들어가기도 하고, 처참하게 부서진 교통사고 현장으로 가기도 한다. 산속에 고립된 사람을 구하기 위해 뛰듯이 산을 오르기도 하며, 유독물질이 뒤범벅된 화학 공장도 구조대원의 현장이다. 일상의 위험에도 구조대원이 간다. 승강기에 갇히거나, 기계에 신체가 끼어있는 상황도 구조대원의 몫이다. 어쩌면 세상 모든 위험한 상황에서 사람 아니면 동물까지도 구조대원이 구한다고 할 수도 있겠다.

25

이들이 구한 사람들은 다시 구급대원에게 옮겨진다. 구급대원은 멈춘 심장을 다시 뛰게 한다. 구급대원들은 자신의 팔과 어깨가 으스러질 만큼 심장을 수백, 수천 번 누르며 병원으로 달린다. 구급대원들은 사선死線 앞에서 절대 물러서지 않으며 또 절대 포기하지 않는다. 사고 현장의 수많은 환자는 병원이라는 곳에 가기 전 구급대원의 응급처치를 받는다. 팔과 다리가 잘리고, 내장이 튀어나오는 중증외상 같은 처참한 사고도 구급대원의 손길이 간다. 환자의 몸에서 뿜어져 나오는 피와 그렇게 다친 사람의 고통에 찬 몸부림을 온몸으로 받아내며 상태를 더 나빠지지 않도록 막아야 한다. 찰나의 순간에 생사를 오가는 환자들을 작디작은 구급차 안에서 살려야 한다. 소방관이 타는 차 중에서 119구급차는 가장 작고 빠르다. 도심의 꽉 막힌 도로를 119구급차는 사력을 다해 뚫는다. 그 안에는 누군가의 가족, 친구, 동료가 죽음과 싸우고 있으며 죽음을 막기 위해 구급대원은 자신이 알고 있는 모든 지식과 경험을 동원하고 있다. 전국의 119구급대원의 하루 출동 건수는 총 8천여 건으로 매일 전 국민 28명당 1명이 119구급차에 탄다. 출동 건수로 보자면 화재진압대원과 구조대원들보다 월등히 많은 출동을 하는 것이 사실이다.

불을 끄고, 사람을 구救하며, 사람을 살린다. 이것이 소방관의 업業이다. 아마 세상 사람들은 소방관의 일을 조금은 단순하게 보고 있는지 모르겠다. 그냥 화재를 진압하는 것으로만 알기도 한다. 어떤 이는 119에 신고하면 비용을 치러야 한다고 아는 사람들도 있다. 119구급차와 사설 구급차를 혼동해서 생긴 일이다. 소방관은 대한민국 공무원이다. 당연히 이들이

하는 일은 지극히 봉사와 헌신에 기초하며, 누구라도 이들의 도움을 받을 권리가 있다. 금전적 대가를 바라며 일하는 소방관은 단 한 명도 없다. 이들의 일은 오롯이 국민이 안전해야 한다는 것에 귀결된다.

나에게 그런 위험한 순간이 생기겠냐는 생각도 다들 할 것이다. 자신이 생활하는 집이나 건물에 불이 나고 타고 가던 승용차가 교통사고를 당하며 갑자기 건강하던 사람의 심장이 멈추는 일이 결코 흔한 일은 아닐 테니 말이다. 큰 사고를 당한 사람들의 말을 들어보자면 그들은 한결같이 말한다. 나한테 그런 끔찍한 일이 일어날지 몰랐다고. 하지만 통계를 보면 그런 일은 누구에게라도 일어날 만큼 흔한 일처럼 보이기도 한다. 하루 평균 전국에서 120여 건의 화재와 1,700여 건의 구조 출동, 1,800여 건의 구급 출동을 하는 것을 보면 나 아닌 내 가족 아니면 누군가가 지금, 이 순간에도 다치고 죽고 있다는 것을 알 수 있다. 매일 아침, 저녁 TV 뉴스 시간에는 어김없이 어디에서 불이 났고 또 사고가 났으며 몇 명이 죽고 몇 명이 다쳤는데 119구급대원에 의해 어느 병원으로 이송되었다는 뉴스가 나온다. 삼풍백화점처럼, 세월호처럼 한 번에 수백 명이 죽는 대형 사고가 아니더라도 우리가 사는 지금의 세상은 결코 위험이라는 불안에서 벗어날 수가 없기에 소방관들은 그런 위험과 매일 매 순간 맞서고 있다.

당신이 어디에 있든 누군가와 무엇을 하든 알아야 할 것이 그것이다. 안전이라는 인간이 살아가는 데 있어 가장 중요한 본능적인 의식을 스스로 인지해야 한다. 자신은 아무 일 없이

27

무탈하게만 살아갈 것이라는 근거 없는 믿음은 버려야 한다. 우리는 이것을 '안전불감증'이라고도 한다. 한 사람의 소방관으로서 감히 말하건대 안전은 스스로 지킬 때 확실해진다. 그래서 소방관들의 업무는 현장에서 사고에 맞서는 일 못지않게 사고를 막는 예방 활동도 중요하다. 불이 나기 전 불이 나지 않게 하기 위한 노력 또한 소방관의 일이며, 사고가 나기 전 그런 위험을 예지하는 것도 소방관의 일이다. 이렇듯 소방관은 광범위한 안전의 파수꾼 역할을 한다. 조금이라도 더 빨리 불을 끄기 위해, 조금이라도 더 안전하게 사람을 구하기 위해 육체를 단련하고 그런 상황에 대비한 훈련을 한다. 전국의 9개 소방학교에서는 오늘도 소방관들이 모여 화재, 구조, 구급에 대한 다양한 상황을 연찬研鑽 한다. 물론 그런 소방학교에는 소방관이 되기 위해 모인 신규 소방관들도 굵은 땀방울을 흘리며 진짜 소방관이 되기 위한 준비를 하고 있다.

14년 전, 나는 처음 소방관이 되고 난 후 수많은 사고 현장에 몸을 던졌다. 그런데 단 한 번도 같은 사고는 없었다. 그만큼 사고 현장은 늘 두렵다. 때론 엄청난 화염에 뒤로 물러서며 불의 기세에 몸서리치기도 했고, 처참한 사고의 현장에서 죽어가는 사람을 살리지 못했다는 자괴감에 빠지기도 했다. 그래도 그런 어려움조차 소방관의 '일'이라는 것을 느지막이 깨달았다. 지금도 일하며 매일 느낀다. 어딘가에서 불현듯 일어날 사고에 매일같이 대비하는 일을 난 자랑스러워하고 있다는 것을. 그리고 나와 함께 이런 일을 하는 동료들이 자랑스럽다. 사람이라면 본능적으로 피하는 위험에 스스로 다가가는 일일지라도 나는 이 일이 좋다. 타인의 위험을 제거하고 그 위험 속에 있는 사람을 구한다는 값진 일을 어찌 싫어하겠는가? 어떠한 금전적 이득보다, 어떠한 높은 명예보다 귀한 일을 하는 것이 소방관이라고 나는 자신 있게 말한다. 누군가가 나에게 소방관이라는 직업의 매력을 묻는다면 이렇게 답하겠다.

'타인의 생명을 구하기 위해 나의 생명을 거는 고귀함이 있는 직업.'

소방관은
어떤 일을 하나요?

소방관의 업무는 크게 화재진압, 인명구조, 응급처치로 나눌
수 있다. 불을 끄고, 사람을 구하며, 다친 사람을 치료하면서
병원으로 이송한다. 간단히 말해 화재, 구조, 구급 3가지 분야
로 구분한다. 먼저 화재진압 분야를 보자면 다음과 같다. 대표
적인 소방관 업무이자 가장 큰 일이다. 우리나라에서 화재진
압에 대한 역사는 조선 초기부터다. '금화도감'이라는 관청을
만들어 관가나 민가에서 발생하는 불을 끄는 임무를 도맡았
다. 우리가 알고 있는 소방관 본연의 임무다. 이렇게 불을 끄
는 소방관을 화재진압대원이라고 부른다. 흔히 불이 나면 빨
간 소방차 여러 대가 사이렌을 울리며 달려가는 모습을 상상
한다. 이처럼 소방관과 소방차는 뗄 수 없는 관계다. 흔히 소
방차라고 알고 있는 거의 모든 차량이 화재진압과 관계있다.
대표적으로 고압을 활용해서 물을 뿜어 불을 진압할 수 있게
하는 펌프차가 있다. 펌프차는 가장 대표적인 소방차다. 그런
펌프차에 부족한 물을 보충하기 위한 탱크차도 있다. 빌딩과
같이 높은 곳에서 발생한 화재를 진압하기 위한 고가사다리
차나 굴절차와 같은 특수차량도 있다. 최근에는 사람이 직접
접근하지 않고도 높은 곳의 화재를 진압하는 무인파괴방수차
도 도입되어 운영 중이다. 화재진압대원은 보통 4~5명이 한

팀이 되어 움직인다. 400~500도 정도의 열기를 견딜 수 있는 방화복과 안전헬멧 그리고 연기 속에서도 숨 쉴 수 있는 공기호흡기와 같은 개인장비가 이들을 보호한다.

다음은 구조대원이다. 말 그대로 사람을 구한다. 물론 화재진압대원도 화재 현장에서 인명구조를 한다. 화재진압대원과 구분되는 것은 구조대원의 현장은 화재 현장에만 국한되지 않는다는 것이다. 교통사고 현장의 사람을 구하기도 하고 물에 빠진 사람을 구하기도 한다. 일상에서 일어나는 다양한 위험에서 인명을 구하는 일을 하는데 매우 광범위하다. 개나 고양이와 같은 반려동물을 구하기도 하고 멧돼지나 독사와 같은 사람에게 해를 끼치는 동물을 제거하는 동물퇴치도 한다. 고장 난 문 때문에 실내 어딘가에 갇힌 사람을 빼주기도 하고 멈춰 선 엘리베이터 안에 갇힌 사람을 꺼내기 위해서 출동한다. 구조대원이 타고 활동하는 차량을 구조공작차 또는 구조차라고 하는데 특이한 것은 불을 끄는 물이 없다는 것이다. 대신 사람을 구할 때 사용하는 구조장비가 엄청나게 많이 탑재되어 있다. 수백 가지에 달하는 구조장비를 구조대원은 상황에 맞게 활용한다. 구조대원은 한 팀에 4~6명 정도 있다. 개인보호장비는 화재진압대원과 크게 다르지 않다.

마지막으로 구급대원이다. 이들은 다치거나 생명이 위급한 환자를 위해 출동한다. 아프거나 다친 환자에게 응급처치한다. 질환이 더 악화하는 것을 막고 환자를 돌보며 병원까지 안전하고 신속하게 이송하는 것이 주 임무다. 당연히 구급대원은 그런 처치를 할 수 있는 자격을 가지고 있다. 뛰지 않는

심장을 다시 뛰게 하는 심폐소생술부터 살과 뼈가 다친 외상 처치까지 모두 구급대원이 한다. 소방관의 출동 중에 구급 출동이 가장 많다고 볼 수 있는데 그것은 사람들이 일상적인 응급상황에 가장 먼저 대처하기 위해 119에 신고하기 때문이기도 하다. 구급대원은 구급차를 타고 활동한다. 승합차 내부를 전문적인 응급처치를 할 수 있도록 개조하고 내부에는 그러한 응급처치에 필요한 의료장비와 약품이 적재되어 있다. 구급대원은 3명이 한 팀이다. 기관원을 제외한 2명 이상은 응급처치를 할 수 있는 자격을 갖추었으며 특히 구급대원 중에는 여자 대원이 많이 있다. 구급대원은 간호사나 응급구조사와 같이 유사한 경력을 인정받고 구급대원으로 채용된다.

대표적인 3가지 분야의 일 말고도 소방관의 업무는 더욱 다양하다. 화재를 예방하는 방호防護 업무도 있고 신축되는 건물에 설치되는 소방시설을 허가, 감독하는 일도 한다. 소방과 관련된 각종 민원을 처리하는 일도 소방관의 몫이다. 원자력 사고, 건물 붕괴, 항공구조, 수난구조 등을 전담하는 특수구조단이라는 곳도 존재하는데, 난 특수구조단에서만 8년을 넘게 근무했다. 특수구조단은 각 소방서에 속해서 출동업무를 하는 일선 구조대와 달리 부산시 전체를 담당하고 때론 다른 시도의 대형 사고에도 대응한다. 소방학교라는 곳에서는 신규임용되는 소방관을 교육하는 일과 함께 현직의 소방관에게 전문교육을 하기도 한다. 소방학교의 교수, 교관들도 모두 현직 소방관이다. 신고를 받고 출동해서 사고에 대처하는 일이 주 업무이기도 하지만 그러한 출동업무를 원활히 하기 위해 지원하는 행정업무도 아주 중요하며 그 일 역시 같은 소방관들이 보직을 순환하며 하고 있다.

Q2
소방관의 일과는
어떻게 되나요?

소방관도 직장인이다. 그중에서도 공무원이다. 한 달에 한 번 급여를 받는 급여생활자이며 소방이라는 조직에 속한 구성원이다. 당연히 정해진 시간에 출근해 일하고 정해진 시간에 퇴근한다. 하지만 그 형태는 다른 직장인들과 조금 다르다. 근무형태는 지역마다 약간 다르다. 24시간 출동에 대비해야 하니 주, 야간으로 교대근무 형식의 근무를 한다. 어떤 형태이든 소방서에는 365일 언제나 소방관이 있다. 대체로 3교대 형식의 근무형태가 일반적이다. 3개 팀이 주간과 야간을 교대하거나 3일에 하루씩 나누어 근무한다. 조금 자세히 들여다보자면 다음과 같다.

주간근무는 여느 직장인과 같다. 오전 8시 40분 정도에 출근해서 전날 야간근무를 한 팀과 간단한 근무교대를 한다. 근무교대 시간에는 주로 야간에 있었던 출동상황을 전달한다. 단순히 출동에 대한 설명이 아니라 현장 활동을 하며 있었던 상황을 상세히 전달하며 직원들끼리 중요한 사고 대응 정보를 교환한다. 교대가 끝나면 야간근무팀은 퇴근하고 주간근무팀의 본격적인 일과가 시작된다. 우선 주간근무팀의 주요 일과는 각종 행정적인 업무를 처리하는 것이다. 소방서 역시 공공기관이다 보니 처리해야 할 사무업무가 수두룩하다. 그래서 주간근무팀이 여러 가지 행정업무를 도맡는다. 의외로 행정업무가 많다. 따라서 팀원 중에 '서무'라는 담당 직원을 별도로 두고 행정업무를 맡게 한다.

주간근무팀의 또 다른 업무는 교육 훈련이다. 소방관은 사고에 대비해 다양한 자체 훈련을 진행한다. 다만 어두운 야간에는 훈련이 어렵기에 낮에 주로 한다. 실제 상황을 가상하여 팀원들끼리 현장 활동 대비를 하는 것이다. 출동 장비를 정비하거나 소방차량을 점검하는 업무도 주간에 이루어진다. 하지만 뭐니 뭐니 해도 가장 중요한 것은 출동이다. 무슨 일을 하고 있던 어디에 있던 출동 벨 소리가 울린다면 언제든 출동을 해야 한다. 소방관의 숙명이다. 아무리 중요한 행정업무나 교육 훈련이라도 출동 지시가 떨어진다면 즉시 그만두고 소방차에 몸을 실어야 한다.

그 외 주간에는 예방 활동도 있다. 관할 구역의 중요한 시설 _{주로 화재에 취약한 건물이나 많은 사람이 모이는 시설물}을 둘러보며 화재 위험은 없는지 점검하고 시설에 상주하고 있는 직원들에 대한 예방 교육도 병행한다. 가상의 화재 상황을 부여하여 대응하는 훈련을 하기도 하고, 부상자 발생에 대비한 응급처치 교육도 한다. 또 시설물의 위험지역이나 사람이 대피할 수 있는 곳을 사전에 파악해놓고 혹시 모를 사고상황에 적용할 수 있는 정보를 미리 습득한다. 어쩌면 사고가 일어나기 전에 대비하는 이러한 예방 활동이 사고가 일어나 대처하는 것보다 중요하다고 할 수 있겠다.

야간근무팀은 오후 6시에 출근한다. 주간근무팀과 교대 후 저녁 식사를 하고 장비 점검을 한다. 장비 점검은 어느 팀이 되었건 근무 시작 전에 무조건 하게 되어 있다. 장비는 차량과 개인보호장비, 화재진압장비, 구조장비, 구급장비 등이 있는데 분야별로 자신의 장비를 스스로 점검한다. 장비의 작동 상태를 최상으로 유지해야 하는 것은 당연하다. 현장에서 사람을 살리고 소방관 자신도 보호하는 다양한 소방장비는 완벽한 상태로 대기시켜 놓는다.

야간에도 관할 구역 순찰을 하는데 다만 주간처럼 시설물에 직접 들어가서 점검하는 형태의 순찰은 없다. 그 외에는 주로 사무실에서 출동대기를 하게 된다. 야간에 소방차를 타고 지속해서 순찰하지는 않는다. 커다란 소방차의 특성상 밤새 관내 지역을 돌아다닌다는 것이 출동상황이 아닌 이상 효율적이지 못하기 때문이다. 그래서 사무실에서 출동대기를 하게 되는데 이때 소방관들은 주로 체력단련이나 장비 점검을 한다. 특히 새로 들어온 신규 소방관들에 대한 교육도 야간에 많이 하는데 소방차를 대기시켜 놓는 실내 차고에서 주로 자체 훈련이 이루어진다. 그러다가 새벽이 넘는 심야 시간이 되면 대기실이라는 곳에서 옷을 그대로 입은 채 잠시 눈을 붙이기도 한다. 우리는 이것을 가수면(假睡眠)이라고 한다. 눈을 붙이고는 있지만 깊이 잠들지 않는 상태다. 하지만 그것도 잠시, 여지없이 출동 벨은 울리고 소방차와 함께 뛰쳐나간다.

소방관의 하루를 단순히 설명하기는 힘들다. 왜냐면 일정한 업무가 있기는 하지만 본연의 임무인 출동상황은 워낙 다양하고 언제 생길지 모르기 때문이다. 뭐가 되었든 소방관은 현장 활동을 하기 위해 늘 준비하기 때문에 모든 업무의 초점은 현장 활동에 맞추어져 있다. 소방관들이 잠시라도 출동대기 구역에서 자리를 비우지 못하는 이유도 여기에 있다. 훈련이나 체력단련을 마치고 땀에 젖은 몸을 씻기 위해 잠시 샤워를 하거나, 부글거리는 배를 부여잡고 화장실에 용변을 보다가도 울려대는 출동 벨 소리만 들으면 순식간에 뛰쳐나가야 하니 어쩌면 이것이 소방관의 진짜 일과다. 출동 형태도 다양한데 짧은 시간에 처리가 가능한 간단한 출동부터 몇 시간이나 온종일 대응해야 하는 출동도 있다.

내가 처음 소방관이 되어 구조대에서 근무할 때 어찌 된 일인지, 내가 샤워만 하면 출동이 걸리는 일이 생기는 것이다. 같은 팀의 선배들은 구조대에 막내가 들어와서 근무 시간에 샤워하면 출동이 걸린다는 알 수 없는 속설이 있다며 나를 겁주었다. 그 덕에 화재 출동을 다녀와서 숯검정 된 몸을 씻지도 못한 채 사무실을 서성거리기도 했다. 나를 놀리기 위한 선배들의 괜한 농담이었지만 소방관들의 애환이 담긴 속 쓰린 에피소드다. 궁둥이 붙일 틈 없이 하루가 빠르게 흘러가는 소방서의 일과는 다이내믹하다. 소방관의 하루는 일반인의 사나흘과 같다는 선배님의 말씀이 생각난다. 그만큼 하루에 많은 일을 겪는다는 뜻이 아닐까?

Q3
소방관이 되기 위해
어떤 과정을 거치나요?

앞서 말한 대로 소방관은 대한민국 국가공무원이다. 소방관이 되고자 한다면 공무원 채용 절차를 따라야 한다. 다만 직별에 따라 채용되는 과정이 조금씩 다르다. 소방관은 당연히 소방관의 특성에 맞는 절차가 있다. 채용시험은 크게 소방간부후보생선발시험, 공개경쟁채용시험, 경력경쟁채용시험 3개 분야가 있다. 채용 절차에 대해서는 뒤에 나오는 Part 2 '소방관이 통과하는 문'에서 더 자세히 설명하겠다. 일단 위에 말한 채용시험에 합격한 예비 소방관들은 전국의 9개 소방학교로 분산되어 소방관이 되기 위한 교육을 받는다. 소방청 소속의 중앙소방학교를 비롯하여 서울, 인천, 경기, 강원, 충청, 경북, 부산, 광주에 있는 지방소방학교에서 많은 지원자가 강한 소방관으로 다시 태어난다. 지방소방학교에 배정되는 기준은 자신이 시험을 치르기 위해 지원한 지역에 의해 결정된다. 예를 들어 서울에서 근무하고 싶어서 서울로 지원한 뒤 임용시험에 합격했다면 서울소방학교에서 교육을 받고 서울 소방에서 근무하게 되는 것이다. 지방도 비슷한데 광역도시를 기준으로 결정한다.

소방학교의 교육은 고되고 힘들다. 지역마다 차이는 있지만 작게는 3개월 길게는 6개월 정도 동안 교육을 받는다. 교육 기간에 함께 먹고 자는 합숙을 기본으로 한다. 주말만 외출, 외박이 가능하고, 어찌 보면 군사훈련 못지않다. 교육의 내용을 보면 더 그렇다. 우선 기초체력단련이 매일 이어진다. 체력단련은 오전 첫 시간 또는 오후 마지막 시간에 하는데 매우 강한 수준의 소방 PT Physical Training 가 진행된다. 소방학교 교관들은 거의 특수부대 출신의 구조대원 또는 수많은 화재, 구조 현장에서 잔뼈가 굵은 육체적으로 정신적으로 매우 강인한 현직 소방관들이다. 그들은 잘 짜인 소방 PT 프로그램을 쉼 없이 교육생들에게 주입하며 일정한 체력수준에 도달할 때까지 반복한다. 근력은 기본이며 지구력과 순발력까지 기를 수 있는 소방 체력관리 프로그램은 힘들기로 정평이 났다. 교육생들을 괴롭히거나 그들을 포기하게 하기 위한 것이 아니다. 자칫 자신의 목숨을 앗아갈 수 있는 무서운 화재, 사고 현장에서 본능적으로 발휘해야 할 신체 기능을 극대화하기 위한 것이다. 특히 체력종합검정이라는 프로그램이 있는데 장비를 완전히 장착하고 공기호흡기를 착용한 채 실제 현장에서 사용되는 장비와 기술을 모두 시연한다. 호스를 전개하고 문을 파괴하거나 무거운 중량물을 들고 나른다. 6층 이상의 계단을 쉼 없이 달려 마지막 종을 치면 끝이 나는데 이때 쓰러지지 않는 교육생은 없다.

소방과 관련된 이론을 습득하는 것도 매우 중요하다. 화재의 성상, 자동화재 진압 설비의 작동원리, 소방차와 같은 기동장비의 운영능력 등 생전 처음 보는 소방 지식과 기술을 머릿속에 넣어야 한다. 거기에 응급처치 전문 기술도 함께 배워야 한다. 채용 분야가 어떻든 화재와 구조, 구급 전 분야에 걸친 기본은 소방관이 된 누구라도 익혀야 할 필수 요소다. 교육 기간 중 정기적으로 이어지는 필기시험도 있으니 이론 공부를 소홀히 할 수 없다. 그나마 다행인 것은 채용시험 때 이론과 크게 다르지는 않아 막연하게 새로운 것을 배우지는 않는다. 그와 함께 장비를 다루는 훈련도 있다. 화재 분야라면 소방차에서 물을 내뿜어내고 관창을 조작하는 아주 기본적인 것부터 실제 화재 현장을 방불케 하는 상황을 만들어 직접 진압하는 훈련까지 현실감 있는 교육을 받는다. 구조 분야는 더하다. 수난구조에 대비한 수상, 수중구조 교육과 고층에서 로프를 이용해 내려오는 교육까지 생전 처음 겪어볼 만한 훈련도 거쳐야 한다. 심폐소생술이나 외상환자 응급처치와 같은 구급 교육은 소방관이 아니더라도 일상에서 배워놓으면 유용한 교육도 있다.

길지도 짧지도 않은 교육이 끝나면 소방관으로 임용된다. 어깨에 자랑스러운 계급장이 부착되는 순간 그동안 받았던 힘든 교육이 주마등처럼 머릿속을 스쳐 간다. 함께 땀 흘리며 서로를 격려했던 동기들과 소방 정모를 하늘 위로 던지며 소방관이 된 것을 자축한다. 수개월 동안, 교육생들을 강하게 몰아붙인 소방학교 교관들도 진심으로 축하를 해준다. 아마 이때의 감격은 말로 표현하지 못할 만큼 벅찰 것이다. 나 역시 15년 전에 소방학교에서 이와 같은 감격을 겪었다. 그리고 그때의 초심은 여전히 가슴속에 남아있다. 삶과 죽음이 교차하는 현장으로 나가기 전, 단단한 알을 깨고 나오는 햇병아리처럼 그렇게 소방관이 만들어진다.

Q4
하루 얼마나 많은 신고를 받고 출동을 하나요?

소방관에게 신고는 출격 명령과 같다. 신고와 출동이 소방관의 존재 이유이기도 하다. 그래서 소방서의 불은 365일 24시간 꺼지지 않는다. 신고가 접수되고 출동 벨이 울리면 즉시 출동할 수 있게 준비해놓는다. 신고는 매 순간, 매일 이어진다. 불이 나든, 사고가 나든, 사람이 다치고 죽는 심각한 일부터 간단한 문 개방까지 시민들이 소방관을 찾는 신고의 이유도 각양각색이다. 무엇이 되었든 신고는 소방관을 움직이게 한다. 신고가 얼마나 많은지는 지역마다 다르다. 아무래도 사람들이 많이 사는 대도시에 신고 건수가 많다. 사람이 많으니 당연히 사건, 사고가 많은 것이다.

2021년 대한민국의 소방출동 현황을 보자. 2021년 119 신고 건수는 1,207만 5,804건이다. 이는 하루 평균 3만 3,084건으로 2.6초마다 한 번씩 출동한 건수다. 화재가 37만 5,409건, 구조가 70만 505건, 구급이 282만 9,687건, 거의 매 순간 전국 어딘가에서 소방차가 신고를 받고 내달린 셈이다. 시기 · 지역별로는 7월에 138만 3,197건으로 가장 많았으며 8월 133만 2,723건, 9월 125만 3,638건 순이었다. 화재와 구조는 8월에 가장 많았으며 각각 3만 5,481건, 11만 5,716건, 구급은 9월

26만 8,130건에 가장 많았다. 시·도별로는 경기도가 241만 4,262건으로 가장 많았고, 서울이 206만 3,526건, 부산 82만 5,841건, 경북 75만 799건, 충남 72만 4,940건 순이었다2021년 소방청 통계 인용. 아무래도 인구가 많은 곳에 출동이 많다. 이러한 신고 통계는 매일 정리되어 축적되고 있으며 자체적으로 분석하여 사고를 예방하는 소중한 자료로 활용된다.

이 글을 읽는 사람들이라면 혹여 어딘가에서 울리는 소방차 사이렌 소리를 한 번쯤 들었을 것이다. 이렇듯 소방서는 매일 신고와 출동이라는 본연의 임무에 충실히 하고 있다. 119 신고는 그 범위가 매우 넓다. 나는 부산에서 가장 출동이 많다는 부산진소방서 구조대에서 근무했다. 구조대 막내 시절 하루에 20건의 출동을 한 적도 있는데 당시 24시간 근무를 하면서 거의 시간당 한 건의 출동을 하며 말 그대로 자리에 엉덩이 한 번 제대로 붙이기 힘든 날이었음을 분명히 기억한다. 물론 매일 이렇게 많은 출동을 하지 않는다. 신고한다는 것은 사고가 일어났다는 것인데 계절이나 시기에 따라 신고 건수도 다르다. 겨울에는 아무래도 화재신고가 많다. 추운 날이니 난방기기를 많이 작동할 거고 관리를 부주의하게 하는 경우 화재로 이어진다. 여름에는 수난사고가 많다. 강가나 호수, 하천, 유원지와 같은 곳에서 사람들이 물놀이 사고를 당한다. 하지만 갈수록 사고의 유형은 다양해지고 계절이나 상황 관계없이 신고는 여전히 많다.

소방서의 출동 벨 소리는 소방관의 심장을 뛰게 한다. 그리고 같은 심장을 가진 누군가의 생명을 구하기 위해 매일 신고에 대비한다. 15년이나 이 일을 하는 나도 여전히 출동 벨 소리에 심장이 두근거린다. 그것은 내가 해야 할 일이 생겼다는 찰나의 자부심이 생겨서 그런 것도 있고 우리의 손길을 기다리는 누군가의 다급함이 몸으로 전해지기 때문이기도 하다. 119를 찾는 시민들의 요청은 매일 우리를 현장으로 달려가게 한다. 비록 그곳이 위험한 곳일지라도 우리는 간다. 바로 신고가 우리를 그곳으로 부르는 생명의 외침이기 때문이다.

Q5
출동하지 않는 날도 있나요?

소방관들은 교대근무를 한다. 주로 주간근무와 야간근무를 구분해서 팀을 나누어 근무하는데 차츰 당비휴 근무체계로 전환됨에 따라 한 팀이 주, 야간근무를 다 하는 근무형태로 바뀌고 있다. 근무교대를 하고 출동대기를 하며 근무를 시작할 때 소방관들은 내심 오늘은 출동이 없기를 바라는 마음이다. 이런 마음은 소방관 본연의 임무인 출동이 싫거나 힘들어서가 아니다. 부디 자신이 근무하고 있는 지역에 큰 사고가 없기를 바라는 인간적인 바람에 의해서 그렇다. 이런 마음과 다르게 당연히 출동은 생기기 마련이지만 꼭 그렇지 않은 날도 있다. 드문 일이긴 하지만 분명히 출동이 없는 날도 있기 마련이다.

신고가 없다는 것은 사고가 없다는 것이고 이런 날은 당연히 출동할 필요가 없다. 통계적으로 보자면 휴일이나 명절 연휴와 같은 시기에는 출동이 줄어든다. 특히 도심지의 출동은 급격히 준다. 아무래도 귀향해서 도시를 떠난 사람이 많기 때문일 것이다. 앞서 밝혔듯 사람이 많은 곳에 사고의 건수도 많고 119의 손길을 그만큼 더 필요로 한다. 또 직장이 문을 닫으니 사고가 줄어드는 경향도 있다. 특히 공장이나 건설 현장 같은 곳은 휴일 동안 일을 하지 않으니 사고가 날 위험이 그만큼 줄어든다. 하지만 평균적으로 그렇다는 것이지 출동이 전혀 없지는 않다. 휴일의 특징은 도심의 출동은 다소 줄지만, 고속도로나 휴양지 같은 곳은 또 출동이 잦다. 어떤 시간에 어떤 환경에서 사람들이 많이 있느냐에 따라 출동 발생률이 달라진다고 할 수 있겠다.

뒤에 밝히겠지만 출동하지 않는다고 소방서의 일이 없는 것이 아니다. 그 외에도 출동 장비를 정비하거나 행정적인 업무를 처리하는 일도 매일 이어진다. 출동은 언제 어느 때 닥칠지 모르는 일이지만 일상적으로 해야 하는 기본 업무는 여느 직장과 다름없이 늘 하는 일이라고 할 수 있다. 그래서 출동이 많은 대도시의 소방서나 출동이 다소 적은 시골 마을의 소방서나 출동에 대비하는 소방관의 일상은 같다. 그리고 대한민국 소방관 중 출동을 두려워하는 소방관은 없다. 하지만 소방관의 출동이 없어야 시민들이 그만큼 안전하게 생활을 한다는 뜻이기도 하니 나라를 지키는 군인의 마음과 비슷하다고나 할까? 전쟁은 일어나지 않아야 하지만 전쟁에 대한 대비는 철저해야 한다는 것과 같은 이치다.

Q6
출동할 때 보통
몇 명의 소방관과 함께 하나요?

어느 직장이나 함께 하는 동료가 있다. 힘든 직장 생활에 있어 동료의 존재는 자체만으로도 큰 힘이 된다. 어떠한 목표를 이루기 위해 팀을 이루고 목표를 향해 함께 노력하며 결과를 성취하였을 때 함께한 동료들의 노력만큼 기쁨은 배가 된다. 백지장도 맞들면 낫다는 말이 있듯 작은 일이라도 임무를 나눠 가지고 각자 맡은 바에 충실했을 때 성공에 이르는 것이다.

동료의 존재가 특히 크게 느껴지는 곳이 소방이라는 조직이 아닐까 한다. 아니 절대적이라고 감히 말하고 싶다. 소방관이 일하는 현장이 어떤 곳인가? 사람이 다치거나 살고 죽는 위험한 곳이 대부분일 텐데 그런 현장에서 동료가 함께 있다는 것은 큰 힘이 된다. 피를 나누진 않았지만 형제같이 가까이 지내며 서로의 목숨을 지켜주는 귀한 존재가 된다. 그런 동료들이 있기에 아무리 위험하고 두려운 현장이라도 성큼성큼 걸어 들어갈 수 있다.

소방관은 동료들과 팀을 이루어 생활하고 출동한다. 지역에 따라 조금씩 차이는 있지만, 화재, 구조의 경우 약 4~6명 정도가 한 팀을 이루고, 구급의 경우 2~3명이 한 팀으로 행동한다. 팀 동료의 수가 차이가 나는 이유는 출동이 많은 곳이거나 위험도가 높은 현장의 소방서에는 조금 더 많은 인력이 배치되고 출동 횟수가 비교적 적은 곳은 그보다 조금 적은 수의 인원이 있다고 보면 된다. 화재진압팀의 경우 팀의 리더인 팀장, 소방차를 운전하는 기관원과 불을 직접 끄는 진압대원 2명이 한 팀으로 이루어진다. 이는 최소한의 인적 구성이며 인력이 더 필요하다면 진압대원을 더 추가할 수도 있다.

구조대 경우도 비슷하다. 팀장과 기관원 그리고 구조대원이 2~4명이 있다. 구급대의 경우는 구급차 기관원과 구급대원 2명으로 구성된다. 인원이 많으면 많을수록 좋다고 생각할 수도 있겠지만 소방관들은 소방차를 타고 이동하고 소방차 1대의 역할에 따라 인원도 배치되기 때문에 위에서 말한 수가 적정한 팀원의 숫자라고 볼 수 있다. 물론 특수한 소방차 _{사다리차, 고가차 등}를 담당하는 소방관들은 1명 또는 2명으로 이루어지기도 한다.

화재나 사고 현장에서는 팀원들이 모두 함께 움직이지만, 최소 2명이 짝이 되어 행동한다. 통상적으로 선배 소방관과 후배 소방관이 짝을 이루는데 선배 소방관이 주된 역할을 하고 후배 소방관이 보조적 역할을 한다고 볼 수 있다. 현장 통제와 지시 그리고 책임은 가장 베테랑인 팀장이 주도한다. 같은 팀 동료들은 늘 함께 먹고 잔다. 현장 출동에 대비한 훈련도 함께 한다. 그만큼 가족과 같은 존재다. 자신의 가정보다 소방서에서 더 많은 시간을 보낸다. 그만큼 동료의 존재는 소방관의 삶에 있어 서로를 지탱해주는 중요한 축이다.

2   소방관이 되기 위해
갖춰야 할 것

나는 군대에 6년여를 복무했다. IMF라는 국가 부도의 위기
가 온 나라를 강타했던 1998년 내 나이 스물한 살 때 해군에
자원입대했다. 바다라고는 부산에 있는 외삼촌 집에 갈 때 한
번밖에 본 적 없는 내가 육군이 아니라 해군을 지원한 이유는
당시 사회 상황과 맞물린다. 재수까지 하고도 대학 진학에 실
패한 나는 깊은 절망감과 미래에 대한 두려움이 가득 차 있었
다. 또래 친구들이 이미 대학 생활을 하다가 하나, 둘 군대에
입대할 즈음 난 인생의 실패자라는 자괴감에 빠져 매일 술을
마시고 방탕하게 살고 있었다. 어느 날 전날 밤 마신 술이 깨
지도 않은 늦은 아침에 문득 거울을 보다가 순간 정신이 번쩍
들었다. 거울 속을 들여다보니 술 마시는 일 말고는 아무것도
할 줄 아는 게 없는 못난 철부지가 보였다. 원하는 대학교에
가지 못했다는 괴로움을 더 가지고 살아가다가는 영영 헤어
나오지 못할 나락으로 빠질 것 같았다. 그렇다고 당장 할 수
있는 일은 없었다. 그래서 내 몸을 피할 곳을 찾았고 군대는
어쩔 수 없는 선택이 됐다.

도망치듯 가는 군대였다. 지원서를 내기 위해 집에서 가까
운 병무청을 찾았다. 그런데, 이해되지 않는 일이 생겼다. 당

장 군대에 갈 수 없다는 것이었다. 짧게는 6개월 길게는 8개월 정도 기다려야 입대할 수 있다고 모병관은 말했다. 대한민국 육군에 내가 갈 자리가 없다는 것이 신기하면서도 당황스러웠다. 아니, 당당히 입대하겠다는 젊은이를 마다하다니. 애꿎은 지원서만 찢어버린 채 집으로 돌아왔다. 그렇게 또 어찌할 줄 모르고 있을 때 1년여 정도 먼저 입대한 친구가 휴가를 나왔다. 나는 친구의 집에 찾았고 친구에게 그런 나의 상황을 설명했다.

"해군에 지원해."

옆에서 나의 푸념을 듣던 친구 아버지께서 말씀하셨다. 친구의 아버지는 해군 출신이었다. 해군은 육군보다 2개월 더 군 복무 기간이 길어 지원자가 그렇게 많지 않다고 하신다. 커다란 군함을 타고 바다를 누비는 낭만적인 군 생활 이야기도 들려주셨다. 난 다시 병무청으로 갔다. 친구 아버지의 말대로였다. 해군은 두 달만 기다리면 입대가 됐다. 바로 지원서에 도장을 찍었고 정확히 두 달 후 경남 진해의 해군 기초군사학교^{훈련소}에 입소했다. 하지만 훗날 나의 해군 입대는 내 인생 전체를 송두리째 바꾸는 선택이 된다.

나는 일반병에서 신분전환을 거쳐 부사관으로 복무하게 된다. 복잡한 상황이 있었는데 사병으로 전역을 1년여 앞둔 시점에 미래에 대한 두려움을 느낀 것이 컸다. 대학 진학에 두 번이나 실패하고 대학을 가지 않고서 남들과 같이 살 수 없을 거라는 생각에 휩싸여 그럴 바에 군대에 말뚝을 박겠다고 마

음먹었다. 거기다가 해군 특수부대, 그러니까 UDT에 자원했
다. 특별한 군인이 되고자 하는 욕망이 넘칠 때였다. 운동을
좋아했고, 남자라면 도전해 볼 만한 일이라 여겼다. 이후 말
로 표현하기 힘든 훈련을 받았고 그로부터 4년을 더 군인으
로서 삶을 산 뒤 스물일곱의 나이에 사회로 나오게 된다. 스
물한 살에 도망치듯 들어간 군대에서 6년을 보낸 뒤였다. 그
때까지만 해도 소방관이라는 직업을 선택하리라고는 생각하
지 못했다. 내 미래에 대한 준비가 없었다. 그냥 강한 육체와
정신력을 가진 UDT 출신의 젊은이였을 뿐이었다. 그것만 있
으면 뭐든 다 잘할 것 같았다. 하지만 사회는 냉혹했다. 목구
멍이 포도청이었다. 적은 월급이었지만 직업군인으로서 매달
받던 돈이 전역하자 그렇게 아쉬울 수가 없었다. 당장 먹고살
일을 찾다가 소방관이 된 군대 동기의 권유를 받고 소방관을
준비했다. 소방관에 대해 그저 빨간 소방차 타고 다니며 불이
나 끄는 줄 알았지 자세히 무엇을 어떻게 하는지도 몰랐다.
그냥 공무원이 되면 굶어 죽지는 않을 것 같았다. 그렇게 시
작된 소방공무원 수험생 생활. 까짓거 그깟 시험이야 머리 싸
매고 몇 달 정도 준비하면 금방 합격할 것 같았다. 그러나 웬
걸. 수험생활은 무려 1년 하고도 8개월을 했다.

준비되지 못한 나의 수험생활 동안 시험에 매번 떨어질 때
마다 마치 누군가가 나에게 '넌 소방관이 될 준비가 되지 않
았어'라고 말하는 듯해 괴로웠다. 강한 육체와 정신을 지닌
UDT 출신의 남자를 왜 받아주지 않을까 혼자 분노하기도
했다. 네 번째 시험 탈락을 겪고 나는 결국 낙향했다. 나를 측
은하게 바라보는 주위의 시선이 두렵고 짜증 났다. 그렇다고

포기하긴 싫었다. 시장 한 귀퉁이에 있는 독서실에 들어앉아 책을 보고 또 봤다. 그러던 어느 날 어렴풋이 나의 마음이 뜨거워졌다. 그리고 자신에게 물었다.

'나는 과연 무엇 때문에 소방관이 되려고 하는가?'

1년 8개월 동안 난 이 질문을 자신에게 해본 적이 없었다. 그냥 평생 고용이 보장된 소방 '공무원'이 되고 싶다는 생각뿐이었다. 갑자기 책을 보는 눈이 아득해지면서 손에 있는 펜을 놓아버렸다. 그길로 밖으로 나와 걸었다. 걸으며 계속 같은 질문을 했다. '왜? 무엇 때문에? 소방관이 되고 싶은 거지?' 여전히 난 답하지 못했다. 그렇게 한참을 걸었다. 어릴 적부터 자란 동네여서 눈 감고도 다니는 길이었다. 큰 길가를 지나 고향 동네를 가로지르는 큰 하천의 다리를 건넜다. 그렇게 한참을 더 가다가 내가 멈춘 곳은 바로 소방서 앞이었다. 무엇에 홀린 듯 그곳에 서 있었다. 활짝 열린 차고 안에는 빨갛고 커다란 소방차 서너 대가 가지런히 서 있었다. 소방차를 바라보고 또 바라봤다. 그때였다.

"화재 출동! 화재 출동!"

순식간에 뛰어나오는 한 무리의 소방관들! 불과 몇 초 사이에 소방차는 굉음의 엔진 소리와 찢어질 듯한 사이렌 소리를 울리며 내 눈에서 멀어졌다. 난 심장이 터질듯한 감정을 느꼈다. 알 수 없는 벅찬 마음이 가슴속 깊은 곳에서 꿈틀거렸다. 저거였다. 내가 해야 할 일은 바로 저것이었다. 지금껏 내가 괴롭고 힘든 특수부대 생활을 견디고 나온 이유를 드디어 찾았다. 난 겨우겨우 자신의 질문에 답할 수 있었다.

'나는 나의 도움을 기다리는 누군가를 위해 살겠다. 그렇게 소방관이 되겠다.'

미친 듯이 달려 다시 독서실 자리로 돌아왔다. 내가 왜 그렇게 소방관이 되어야 하는지 모른 채 지난 시간을 다 털어내고 처음부터 책을 다시 읽었다. 해야 할 이유, 이루어야 할 목적을 찾은 나는 거침없었다. 마치 새로운 세상에 눈을 뜬 듯한 기분이었다. 한 달여를 미친 듯이 공부하고 또 공부했다. 그리고 그해 마지막 소방관 채용시험이었던 부산광역시 소방공무원시험에 당당히 합격했다.지금은 1년에 한 번만 시험이 있지만, 당시는 지역별로 다수의 시험이 있었다.

지금도 나는 어떤 일이나 새로운 행동을 해야 할 때는 내가 왜 그런 일과 행동을 해야 하는지 분명한 목적의식을 찾는다. 그저 남들에 이끌리듯, 눈앞의 이득에 눈이 멀어 몸을 움직이지 않는다. 진심으로 바라는 일인지, 하고자 하는 일의 가치와 당위성은 무엇인지 스스로 묻고 대답해본다. 소방학교에서 구조분야 교관들을 이끄는 담당 교수로서의 직책을 수행하는 지금 동료로 일하는 후배들에게도 그런 마음가짐을 강조한다. 우리가 왜 이 일을 하고 있는지, 무엇을 위해 목숨을 걸고 현장으로 달려가는지, 자신의 물음에 답하지 못하면 결코 이 고귀한 일에서 보람을 찾지 못할 것이라고 말한다. 이 글을 읽는 소방관 수험생이나 소방관이 되고 싶은 많은 사람

에게 전하고 싶다. 당신이 소방관을 진심으로 하고 싶다면 왜
소방관이 되어야 하는지 스스로 묻고 답해야 할 것이다.

Q1
소방관이 되기 위해
어떤 준비를 해야 할까요?

15년 전, 내가 소방관이 되기 위해 준비를 할 때나 지금이나 소방관이 되고자 하는 사람들은 여전히 많다. 여러 이유가 있겠지만 소방관이라는 직업은 분명 매력 있는 직업이다. 세상에 많은 직업 중 스스로 자신의 몸을 타인을 위해 던지는 일이 얼마나 있겠는가? 그런 고귀한 일에 뛰어들고자 하는 마음을 먹었다는 것만으로도 응원받아 마땅하다. 하지만 그런 마음만으로 소방관이 될 수 없다. 매년 채용되는 소방관의 수는 정해져 있고 지원하는 사람의 수는 그보다 훨씬 많으니 누구는 합격해서 기쁨을 누리고 누구는 탈락해서 아쉬움을 달래야 한다. 나 역시 네 번이나 시험에 떨어졌고 다섯 번째의 시험에서 겨우 합격해서 지금의 자리에 왔다. 소방관이라는 직업을 가지고자 한다면 분명 단단한 각오와 함께 현실적인 준비가 필요하다.

누군가 소방관이 되기 위해 무엇부터 준비해야 하느냐고 묻는다면 일단 무조건 건강하고 단단한 몸을 먼저 만들라고 말한다. 단순히 몸을 많이 쓰는 소방관이라는 직업적 특성 때문에 그러는 것이 아니다. 짧다면 짧고 길다면 긴 소방관 수험 생활을 견디기 위한 체력이 필요하기 때문이다. 체력은 공부와 더불어 소방관 시험을 준비하는 데 있어 매우 중요한 요소다. 당연히 체력시험에 대비도 해야 하므로 하지 않을 이유도 없다. 하루에 한두 시간 무조건 자신의 몸을 단련해야 한다. 다른 직업군과는 다르게 육체적 준비가 되지 않는다면 소방관에 합격한들, 일을 해 나가기 힘들 것이다.

수험서는 보고 또 봐라. 공부에는 왕도가 없다. 인내와 끈기로 포기하지 않고 공부해야 한다. 오해하지 말길 바란다. 소방관을 뽑는 시험이 대단히 어렵거나 힘든 시험은 아니다. 다만 상대평가의 시험 특성상 남보다 단 한 문제라도 더 맞혀야 하기에 하는 말이다. 놀 거 다 놀고 적게 공부해서 소방관에 합격한 사람을 아직 본 적 없다. 선후배 동료들 모두 각자의 방법으로 가열하게 수험생 시절을 보냈다. 인생을 결정할 시험에 모든 것을 걸어야 한다. 어떻게 공부하고 어디서 공부해야 하는 구체적 방법을 말하진 않겠다. 세상 모든 정보를 휴대전화 하나로 알 수 있는 세상이니 소방수험생에 대한 정보는 얼마든지 단시간에 찾아볼 수 있을 것이다. 하지만 이것만은 말해줄 수 있다. 간절해야 한다. 되고자 하는 마음이 수험생 생활 전체를 지배해야 한다. 고졸에 20대의 대부분을 군대에서 공부와 담쌓고 지내던 내가 그랬다. 멈추지 않았고, 될 거라는 확신으로 매일 공부했더니 결국 소방관이 됐다.

한 가지 더 당부하자면 철저한 목적의식을 가지라는 것이다. 소위 '간'을 볼 일이 아니다. 현직 소방관 선배로서도 당부하는 말이거니와 소방관이 되고자 하는 마음을 다잡기를 바라는 마음에 하는 말이다. '안되면 다른 거 하지 뭐… 한번 해볼까?'라는 마음을 가지고 있다면 차라리 당장 그만두기 바란다. 소방학교 교관 시절 어렵게 소방관이 되고 나서 힘든 교육을 받다가 스스로 그만두고 나가는 예비 소방관을 더러 보았다. 강력한 목적의식 없이 소방관이 된다면 다가올 힘든 소방관으로서 생활을 견디기 힘들 것이다. 소방관이 되고자 한다면 세 가지만 기억하자. 몸을 다지고, 포기하지 않는 공부를 하며, 강한 목적의식을 가져라.

Q2
소방관이 가져야 할
마음가짐은 무엇인가요?

인간은 누구나 이타적 배려심이 있다. 성격이나 성장배경 그리고 살아가는 환경에 따라 정도의 차이가 있지만 남을 불쌍하게 여기는 착한 마음 즉 '측은지심'이 사람의 본성이라 굳게 믿고 있다. 이러한 측은지심의 마음과 더불어 '선한 사마리아인' 이야기도 해주고 싶다. 고대 이스라엘에서 유대인이 길을 가던 중 강도를 만나 가진 것을 빼앗기고 심한 상처를 입었다. 신앙심이 깊은 두 사람, 사제와 레위인은 모른 체하며 지나쳐버린다. 그때 사마리아인이 다친 사람의 상처를 싸매고 주막으로 데려가 주인에게 그 사람을 돌봐주라면서 돈까지 준다. 이 이야기가 놀라운 것은 유대인은 사마리아인을 경멸하고 이교도 하층민으로 천시했기 때문이다. 그리고 예수님은 "네 이웃을 자신처럼 사랑하라"라고 말했다고 한다.

각박한 세상이고 화려하게만 보이는 현대사회지만 우리가 사는 지금의 세상에는 타인의 보살핌과 관심이 필요한 약자들이 여전히 많다. 약자에게 당연히 보여야 하는 인간 본연의 착한 심성. 이것이 소방관이 가져야 할 가장 중요한 덕목이다. 보수를 받고 그에 맞는 업무를 해야 하는 직업적인 관점에서만 보자면 굳이 일하는데 심성이 어쩌고 하는 것까지 필요하냐는 생각이 들 수 있다. 하지만 소방관의 일은 그렇지 않다. 사람을 위험에서 구해야 하는 과정은 이러한 마음이 없으면 힘든 일이다. 타인을 위험에서 구하기 위해 자신이 위험으로 들어가는 일이다. 투철한 사명감과 함께 타인에 대한 선한 심성이 합해졌을 때 위험을 고스란히 무릅쓸 용기와 인내가 생긴다. 소방관이 매년 가장 존경받는 직업 1위로 선정되는 이유가 바로 이것이 아닐까 한다. 사람들이 소방관들에 대한 존경심을 표하는 이유도 역시 그들이 가진 직업적 특성과 함께 타인을 위해 희생하려는 근본적인 심성이 보이기 때문이라 생각한다.

이러한 마음가짐을 가지기 위해 특별히 무언가를 할 필요는 없다. 서두에 밝혔든 인간의 본성은 착하다고 믿기 때문이다. 맹자의 성선설을 추종하는 것도, 순자의 성악설을 배척하는 것도 아니다. 내가 이 일을 하며 신고를 받고 현장에 나가봤을 때 신고를 한 대부분 시민은 자신과 일면식도 없는 누군가의 위험을 지나치지 않고 돕기 위해 119에 신고한 평범한 사람들이었다. 대단한 철학적 관념까지는 아니더라도 뭇사람의 순수한 이성에 대해 직접 보았다. 소방관은 거기에 더해 봉사와 헌신, 희생과 용기라는 것을 더한다. 온몸에 피를 뒤집어쓰더라도, 짓이겨진 누군가의 몸을 치료하며 응급실로 달려야 하고, 숨 한 모금 까닥 잘못 쉰다면 자신도 죽을 수 있는 화재 현장 속에서 화마와 맞서야 한다. 말 못하는 동물이라도 생명이 있는 무엇이라면 위험에서 구해야 하는 일을 피하지 않아야 한다.

적어도 단 한 가지, 즉 타인을 배려하는 마음은 가지고 소방관이 되길 바란다. 큰돈을 벌 수 있는 직업도 아니고 회사를 성장시키기 위해 노력하는 일도 아니다. 하지만 세상 어디에선가 소방관의 손길을 기다리는 곳이 있다는 것에 심장은 뛰어야 한다. 그리고 그들을 안전하게 돕고 난 후 가지는 뿌듯한 보람은 결코 무엇과도 바꿀 수 없는 놀라운 경험이 될 것이다. 그래서 소방관이라는 직업은 타인을 배려하는 마음이 기본이 되어야 하지 않을까 한다.

소방관에게 필요한
자격이 있나요?

"네가 소방관이 된다면 내 손에 장을 지진다."

충격적인 말이었다. 다니던 회사를 나오기 위해 사직서를 썼더니 회사 관리부장이라는 사람이 한 말이다. UDT를 전역하고 1년여를 다니던 민간 경비회사였다. 경비회사라는 직종이 특수부대를 전역한 나와 어울릴 것 같아 어렵게 입사했고 열심히 일했다. 하지만 '영업실적'이라는 기업 고유 업무에 적응하지 못하고 결국 그만하기로 했다. 내가 할 일은 고객의 재산을 지키는 경비업무뿐만 아니라 새로운 고객을 유치해야 하는 영업도 포함되었는데 나에겐 물건을 팔 재주가 없었던 것 같다. 6년 동안 특수부대에서 길든 몸과 마음은 누군가에게 고개를 숙여 가며 부탁하는 일에 쉽게 적응하지 못했다.

회사를 그만두고 나가면 무엇을 하느냐는 선배의 말에 대뜸한 말이 소방관이었다. 아무 생각 없이 내지른 말은 아니었다. 나름 소방관이 되기 위한 자격을 미리 알아봤다. 일단 특수부대 경력이 인정되기 때문에 '제한경쟁 특별채용' 분야에 지원할 생각이었다. 지금은 채용 방식이 변경됐지만 15년 전에는 특수부대 3년, 하사 이상의 계급으로 근무한 경력이 있는 사람만 구조대원으로 지원할 수 있었다. 소방관의 채용은 국가공무원 채용 방식에 따른다. 지원할 수 있는 자격이 정해져 있지만 까다롭지는 않다. 채용 범위는 공개채용과 경력채용 그리고 간부후보생채용으로 나누는데 가장 보편적인 채용 방식인 공개채용에 대해서 언급하겠다. 일단 지원자격에 있어 공개채용은 나이는 만 18세 이상 40세 이하여야 한다. 별도의 학력 제한은 없다. 단, 1종 보통 운전면허가 필수다. 아무래도 소방서 업무의 특성상 소방차 운전이 필수이기 때문에 면허증이 요구된다.

남자의 경우 군대 복무 기간에 따라 응시 나이를 늘려 준다. 예를 들어 군 복무 기간이 2년이라면 기존의 40세의 나이 제한이 42세까지 늘어날 수 있다. 그 외 소방 관련 자격증이 있다면 채용에 있어 가산점을 주기도 한다. 대표적으로 소방 관련 국가기술자격 중 산업기사·기능사, 소형선박 조종사, 잠수산업기사, 잠수기능사, 제1종 특수트레일러면허, 제1종 대형운전면허, 2급 응급구조사 등이 있다. 현장에서 몸을 쓰는 일이 주 업무이다 보니 체력시험을 별도로 한다. 정해진 체력 기준에 통과해야 하므로 운동을 병행해서 시험에 준비해야 한다. 그리고 체격 조건도 있다. 온전한 체격을 갖추어야 하고 시력, 청력 등 신체 능력이 정상이어야 한다. 이러한 조건은 별도의 신체검사를 통해 검증받아야 하는 것으로 알고 있다. 자세한 자격에 대한 정보는 중앙소방학교 홈페이지https://www.nfa.go.kr/nfsa/에서 확인할 수 있다.

다른 나라의 소방관은
어떤가요?

2001년 9월 11일 일요일 오전이었다. 부사관으로서 직업군인이었던 나는 휴일이라 숙소에서 쉬고 있었다. 함께 생활하는 선배와 함께 점심에 라면이나 끓여 먹으려고 가까운 마트에 나가려던 참이었다. 그때였다. TV 뉴스를 보고 있던 선배의 눈이 커졌다.

"저런….."

속보로 전해지는 뉴스는 충격적이었다. 미국 뉴욕의 대표적인 쌍둥이 빌딩에 커다란 여객기가 충돌하며 무너져 내리는 광경이 실시간으로 전해졌다. 난 벌어진 입을 다물지 못하고 한참을 넋 놓고 바라봤다. 세계를 충격에 빠지게 했던 9.11 테러 현장이었다. 이 사건은 내가 소방관이 되기 위해 준비하며 또는 소방관이 되고 나서 바라봤을 때 또 다른 생각을 가지게 했다. 바로 뉴욕 소방관들에 대해서다. 거대한 빌딩이 화염에 휩싸이고 당장이라도 무너져 내릴듯한 그곳으로 뉴욕시 전체에서 소방관들이 집결한다. 어느 소방 지휘관은 모여 있는 뉴욕의 소방관들에게 이렇게 외쳤다고 한다.

"지금 당장 너희들의 가족과 친구들이 있는 곳으로 돌아가도 좋다. 그것은 당연한 마음이며 나는 그러한 마음을 이해할 수 있다. 하지만 나는 지금 무너져 내릴지도 모르는 저곳으로 들어갈 것이다. 왜냐면 나는 그러한 일을 하기 위한 사람이기 때문이다."

그 지휘관의 짧은 말이 끝나고 단 한 명도 물러섬 없이 현장의 소방관들은 빌딩 속으로 걸어 들어간다. 모두가 공포에 질려 뛰쳐나오는 빌딩 속으로 말이다. 그렇게 그들은 빌딩 속에서 많은 인명을 구한다. 그리고 얼마 후 뉴욕의 소방관 343명이 무너져 내린 빌딩에 깔려 순직한다. 뉴욕시 전체에 위치한 소방서 모두에 순직한 소방관이 없는 곳이 없었다. 특히 Ladder* 3의 대원들, Ladder 21의 대원들, Rescue** 2의 대원들은 단 한 명도 살지 못하고 전멸했다.

또 다른 나라의 경우도 보았다. 몇 년 전 일본 오키나와에 여행을 간 적이 있다. 당시 오키나와에는 태풍이 상륙하여 엄청난 비바람이 불고 있었다. 공항에서 호텔로 가족과 함께 차를 타고 가던 중 길가에 서 있는 소방차를 보게 되었다. 소방차에서 두 명의 소방관이 내렸다. 혹시나 주변에 어떤 사고가 있는지 보니 근처 건물에 매달린 간판이 태풍의 바람에 파손되어 곧 떨어질 것 같았다. 두 명의 일본 소방관은 미친 듯이 불어대는 비바람을 온몸으로 맞으며 간판을 안전하게 제거했

*   우리나라의 119안전센터 개념
**   우리나라의 구조대 개념

다. 사다리를 펴고 올라가 작업을 하는 소방관은 비바람에 몸이 휘청거리면서도 끝까지 버티며 일을 했다. 그들의 표정은 비장했고, 폭풍 속에서도 침착함을 잃지 않는 모습이었다.

내가 미국의 소방관이나 일본의 소방관이 부럽거나 대한민국 소방관이 그에 미치지 않아서 하는 말이 아니다. 무너져 내리는 건물에 죽음을 무릅쓰고 들어가는 미국 소방관이나 태풍 속에서 너덜거리는 간판을 처리하는 일본의 소방관이나 결국 나와 같은 일을 하는 사람들임을 알기에 말하는 것이다. 무엇이 되었든 우리가 필요로 하는 곳 그리고 그곳이 어떠한 곳이든 소방관이 해야 할 일이라면 기꺼이 해야 하는 것. 그것은 국경을 초월하고 인종을 떠나 타인을 위한 삶을 사는 소방관이라는 직업이 가지는 고귀함이 아닐까 한다. 대한민국 소방관 역시 세계 어느 나라에 내놔도 뒤지지 않는 강한 몸과 마음을 가지고 있다. 그리고 오늘도 누군가의 안전을 위해 밤낮으로 일하고 있다.

소방관이
일하는 곳

나는 부산에 아무 연고가 없다. 어렸을 적 외삼촌이 부산에 살아서 한 번 와본 적은 있다. 부산에 오기 전까지 해운대 해수욕장이나 남포동, 서면 같은 부산의 대표적인 곳도 평생 모른 채 살았다. 그런 내가 이 도시에 발을 들이고 정착한 지 15년이 됐다. 그렇게 된 이유는 당연히 소방관이 되었기 때문이다. 다른 지역 서울, 경기, 울산, 경남 의 소방관 채용시험에 네 번이나 떨어지고 나서 마지막으로 합격한 곳이 부산이다. 그만큼 나에게는 기회의 땅이고, 약속의 도시였다. 설레는 마음으로 짐 꾸러미를 들고 부산역을 걸어 나오던 날이 엊그제 같다. 부산소방본부 현 부산소방재난본부 에 가서 소방공무원 임용장을 받고 내가 근무할 소방서인 부산진소방서로 갔다. 지하철을 타고 그곳으로 갈 때 두근거리는 마음을 진정시킬 수가 없었다. 영화에서처럼 커다란 건물에 멋있는 소방차가 차고 가득 들어차 있을 거란 상상을 하며 발걸음을 재촉했다. 일단 본서라고 부르는 부산진소방서 본관으로 가서 서장님께 전입 신고하고 다시 내가 근무할 구조대가 있는 곳으로 향했다.

실망이었다. 구조대 건물 앞에서 잠시 멍하니 서 있었다. 함께 간 동기도 당황한 표정이었다. 딱 봐도 오래된 건물이었다.

소방차 두 대만 작은 차고 입구를 꽉 채우고 있었다. 1층 안전센터 사무실로 들어가 전입해 오게 된 구조대원이라고 말하자 우리를 2층 구조대 사무실로 안내했다. 구조대 사무실은 작고 허름했다. 먼저 짐을 풀 대기실로 이동해 사물함을 배정받았다. 철재 사물함은 언제 만들어졌는지 모를 만큼 오래돼 보였다. 그동안 이 사물함을 스쳐 간 사람들의 이름 스티커가 떼진 자국이 가득했다. 그리고 밖으로 나왔다. 좁은 2층 복도를 지나 고개를 숙여야만 내려갈 수 있는 계단을 지나면 1층 차고가 나왔다. 차고 뒤쪽으로 창고가 있었는데 무시무시한 구조장비가 가득 적재되어 있었다. 차고와 창고 사이 바닥에는 장비를 정비하기 위해 흘린 윤활유가 잔뜩 묻어 있었다. 그 옆은 식당이다. 문을 열어보니 식당 이모님이 점심을 준비하고 있었다. 다시 옆쪽으로 구급대원 대기실 그리고 앞에는 우리가 처음 들어왔던 화재진압대 사무실이 있었다. 5분도 안 되는 시간에 내가 몸담을 구조대 건물을 모두 둘러보았다. 묘한 기분이 들었다.

15년 전의 모습이다. 지금 그곳은 멋진 새 소방서 건물이 들어섰다. 지금도 그때를 생각하면 꽤 열악한 환경에서 근무한 기억이 난다. 여름이면 뜨뜻한 바람이 겨우 나오는 고장 난 에어컨 한 대만 겨우 돌아가는 사무실에서 행정업무를 보던 기억, 겨울이면 옥상 물탱크에서 내려오는 수도관이 얼까 봐 저녁 교대 뒤 수돗물을 살짝 틀어놔야만 했던 기억, 서너 명만 누워도 꽉 차는 대기실에 팀원 6명이 밤새 출동 후 들어와 피곤한 몸을 뉘며 짧은 단잠에 빠진 기억 등…. 힘들었지만, 하루하루가 소중하고 귀한 날들이었다. 지금은 환경이 많이 개선되었다. 오래된 건물은 허물고 다시 지어진 곳도 많고 그 것이 힘들다면 새롭게 고쳐서 사용한다. 부산은 특히 오래된 소방서 건물이 많은데 적지 않은 돈이 소요되는 일이라 여전 히 환경이 좋지 못한 청사가 남아있다. 하지만 차츰 개선되고 있다.

소방관이 생활하는 소방서는 소방관들에게는 집이다. 단순한 직장이 아니다. 소방관의 근무 특성상 먹고, 자고, 쉬고, 운동 하는 곳. 그러니까 그 안에서 모든 것이 해결되어야 하는 멀 티 공간이다. 온갖 희로애락이 소방관과 함께 하는 곳이다. 화 재 출동을 다녀오면 너도나도 차고 뒤에 모여 화재진압에 사 용한 호스를 정리한다. 까만 그을음이 잔뜩 묻어 있는 호스를 한데 모아 잿물을 씻어내고 일일이 높은 건조대에 올려서 말 린다. 추운 겨울에 화재 출동 후라면 호스가 얼어붙어 정리하 기가 여간 힘든 게 아니다. 구급대원들은 매일같이 구급차와 구급 장비를 소독한다. 환자를 치료하며 이송해야 하니 차와 장비가 늘 소독이 되어 있어야 한다. 특히 코로나 시국에는 더 그렇다. 볕이 좋은 날이면 구급차의 문을 활짝 열어놓고 소독약을 거즈에 묻혀 구석구석 닦는다. 구조대는 장비 점검 에 매일 바쁘다. 고가의 장비는 조금만 고장이 나도 비싼 수 리비가 든다. 거기에 출동에 사용하지 못하는 상황이 오면 난 감하다. 쉬는 시간이면 선후배 구조대원이 삼삼오오 모여 장 비를 정비하는데 손과 옷에 기름때가 매일 묻어 지워질 날이 없다.

함께 사는 공간이다 보니 없는 거 빼고 다 있다. 요즘은 심신 안정실이라고 해서 소방관들이 휴식을 취할 수 있는 공간을 별도로 둔다. 그 안에는 안마의자가 있는데 피곤한 몸을 달랠 수 있고 조용하게 휴식도 취할 수 있다. 몸이 생명인 소방관들이니 당연히 운동공간도 있다. 운동기구들이 즐비한 체력단련실은 소방관들이 자주 찾는 인기 공간이다. 출동대기를 해야 하므로 외부로 나가서 운동하기가 불가능한 소방관들은 헬스, 탁구 같은 작은 장소에서도 즐길 수 있는 운동을 선호한다. 먹고살고자 하는 일이니 식당을 빼놓을 수 없다. 식사를 준비해주시는 이모님이 늘 소방관들에게 영양가 있고 맛있는 밥을 준비한다. 휴일이나 명절 연휴는 이모님도 쉬어야 해서 그때 이곳은 소방관들이 직접 요리하는 곳으로 변한다. 행정적인 업무를 보는 사무실은 소방관이 가장 많은 시간을 보내는 곳이다. 담당 업무를 처리할 수 있는 컴퓨터와 행정 비품들이 놓여있다. 중요한 것은 출동지령이 내려지는 컴퓨터인데 정전이나 전기 공급이 안 될 경우를 대비해 비상전력이 항상 유지된다. UPS라고 하는 장비가 소방서 컴퓨터의 비상전력 역할을 한다.

대기실은 말 그대로 소방관들이 야간에 대기하는 곳이다. 소방관은 출동 옷을 입은 채 야간에는 가수면 상태를 유지해야 한다. 쪽잠이라도 자려고 하면 출동 벨 소리가 여지없이 울린다. 출동 벨 소리는 화재, 구조, 구급 등 출동의 유형에 따라 소리가 다르다. 소방서 곳곳의 천장에는 스피커가 설치되어 어디에 있든 출동 벨 소리를 들을 수 있다. 만약 구조대가 사용하는 공간이라면 로프 구조를 할 수 있는 공간이 있을 것이다. 높은 곳에 구조용 로프를 설치하고 구조대원이 타고 내려가며 인명구조훈련이 가능한 시설을 만들어 놓은 곳이다.

소방관은 자신의 집보다 소방서에서 더 오랜 시간을 보낸다. 출근하여 이곳에서 먹고 자며 출동에 대비한다. 곳곳에 소방서를 스쳐 간 동료들의 흔적이 많다. 소방관이 안타깝게 순직하면 영결식을 마치고 가장 먼저 자신이 근무하던 소방서로 영정 사진을 운구한다. 그곳에서 일하던 자리, 쓰던 사물함, 운동하던 체력단련실 등을 모두 둘러본다. 떠나기 전 마지막으로 소방관의 공간을 보여준다. 단순히 일하는 곳이 아니라 자신의 많은 것이 서려 있는 곳이기에 그렇다. 소방서는 동료들과 함께 가족같이 지낸 직장이자 집이고, 일터이자 쉼터다.

소방관이 일하는 곳은
어디인가요?

소방관의 일터는 소방서이다. 하지만 조금은 달리 바라봐야 한다. 소방관들은 결국 출동을 하고 현장에서 사고에 대응해야 하는데, 소방관의 일터는 어쩌면 대한민국 국민이 부르는 곳이라면 어디든 될 수도 있겠다는 생각도 든다. 다만 여기서 말하는 일터는 물리적으로 또는 행정적으로 머물거나 속해 있는 장소로 설명한다.

혹시 이 글을 읽는 독자 중에 자신이 사는 동네에 소방서가 있는 것을 본 적이 있는가? 아마 그리 많지는 않을 듯하다. 일단 소방관은 소방서라는 조직에 속해 있다는 것은 상식적으로 다들 알고 있을 것이다. 소방관은 대한민국의 국가공무원이다. 그중 소방청은 전국의 소방관들에 대한 행정적인 업무를 총괄하는 부서고 세종특별자치시에 있다. 소방청을 기준으로 전국의 시도 본부로 나뉜다. 서울, 경기 남부, 경기 북부, 인천, 부산, 대구, 광주, 대전, 울산, 강원, 충북, 충남, 경북, 경남, 전북, 전남, 제주, 창원, 세종 이렇게 광역단체 또는 준하는 대도시를 기준으로 각 시도 본부가 있다. 시도 본부 아래에 다시 자치 관할 구역에 따라 소방서가 있다. 이 소방서가 아마 사람들이 흔히 알고 있는 소방서다. 쉽게 비교하자면 경찰서와 비슷하다. 소방서는 시, 군, 구 등 자치조직을 기준으로 설치한다. 부산의 해운대에는 해운대소방서가 있듯이 말이다. 그 아래 119안전센터와 구조대가 설치된다. 119안전센터의 설치기준은 다음과 같다.

1 특별시: 인구 5만 명 이상 또는 면적 2km² 이상

2 광역시, 인구 50만 명 이상의 시: 인구 3만 명 이상 또는 면적 5km² 이상

3 인구 10만 명 이상 50만 명 미만의 시·군: 인구 2만 명 이상 또는 면적 10km² 이상

4 인구 5만 명 이상 10만 명 미만의 시·군: 인구 1만 5천 명 이상 또는 면적 15km² 이상

5 인구 5만 명 미만의 지역: 인구 1만 명 이상 또는 면적 20km² 이상

조금 복잡하게 보이지만 효율적인 관리를 위해 이렇게 119안전센터의 설치기준이 마련되어 있다. 구조대는 소방서에 하나만 있는 경우가 많다. 구조 업무만 전담하기 때문에 1개 구조대가 소방서 전 관할 구역을 담당한다. 구급대는 119안전센터에 함께 근무한다. 이러한 기준으로 본다면 우리가 사는 동네를 담당하는 가장 최소단위의 소방 조직은 119안전센터가 된다. 경찰의 파출소와 같다. 전국의 90% 이상 소방관들이 여기서 근무한다.

그 외 특수한 조직도 있다. 소방관들을 교육하는 소방학교가 있다. 이곳은 신임소방관이나 현직 소방관들의 기본, 전문교육을 담당하는 부서다. 이곳에 근무하는 교수, 교관들도 소방

관이다. 국제재난출동, 대형사고대응을 전담으로 하는 중앙 119구조본부도 있고 각 시도에는 그에 상응하는 특수구조단 이 있다. 이러한 특수구조부서는 방사능사고, 붕괴사고, 수난 사고, 항공구조 등 일선 소방서 구조대보다 더 전문적으로 대처할 수 있는 특수구조 업무를 담당한다. 나도 부산 특수구조단에서 8년이나 근무했다. 시민들에게 소방업무를 홍보하고 체험할 수 있는 119안전체험관도 있다. 이곳에 가면 화재를 예방하고 사고에 대처할 수 있는 기본적인 시민교육을 해준다. 소방서가 원활하게 돌아가기 위해 행정적인 업무를 담당하는 내근직원들도 있다. 이들은 주로 소방본부 또는 소방서 행정부서에서 일한다. 시민들의 각종 민원을 해결하고 동료 소방관들의 복지와 지원업무를 한다.

Q2
소방서에서 하는 업무는
어떻게 나뉘나요?

소방관 본연의 임무는 당연히 화재, 구조, 구급과 같은 현장 활동이다. 이것이 바로 소방관이 존재하는 이유이고 시민들에게 사랑을 받는 이유다. 이러한 막중한 임무를 수행하기 위해 소방 조직은 업무를 다양하고 전문적으로 구분한다.

소방관이라고 하면 가장 먼저 떠오르는 것이 화재진압이다. 화재진압은 소방의 꽃이며 상징적인 업무다. 불이 나면 가장 먼저 달려가 진압, 확산방지 그리고 화재 원인 조사까지 한다. 이와는 별개로 화재가 발생하면 불을 끄는 것뿐만 아니라 화재를 예방하는 활동도 한다. 건축물이 지어질 때 예방설비 설치를 감독하고 다 지어진 건물에 대한 시설 점검도 한다. 특히 대형건물이나 사람들이 많이 상주하는 곳은 주기적으로 소방관과 건물 직원들과의 합동 소방 훈련을 통해 화재에 대비한다.

구조 분야는 더 다양하다. 일상적인 사고출동부터 화학물질 누출 같은 특수한 구조활동도 펼친다. 2012년 구미의 어느 화학 공장에서 발생한 불화수소산 누출사고 때 119구조대원이 출동하여 현장 활동을 한 것이 대표적인 화학출동 사례다.

구조대의 업무는 생활 밀착형부터 대형재난까지 매우 다양하다. 어떠한 일이든 시민이 위험한 현상이라면 구조대가 출동한다. 특히 동물구조에 대해 많이들 물어보는데 멧돼지, 독사 등 사람들에게 위협이 되는 동물은 잡아서 관련 기관에 인계하고, 강아지나 고양이 같은 애완동물은 구조해서 주인을 찾아주거나 동물 보호기관에 맡긴다.

구급 분야는 소방서 업무 중 가장 많은 출동 건수를 자랑한다. 환자에 대한 기본적인 응급처치는 물론이고 안전하게 병원을 이송하는 업무까지 하게 되는데 그만큼 시민들이 다치거나 아플 때 가장 먼저 찾는 것이 119구급차다. 차를 타고 도로를 가다 보면 어디선가 울리는 사이렌 소리와 함께 빠르게 달리는 구급차를 쉽게 볼 수 있다. 다만 구급차는 소방서 소속의 119구급차와 병원이나 민간단체에서 운영하는 사설 구급차로 구분된다. 당연히 두 구급차 모두 생명을 살리기 위한 일을 하지만 사설 구급차는 비용이 드는 반면 119구급차는 비용이 청구되지 않는다. 구급대의 업무 중, 출동 외에 시민들에 대한 심폐소생술 교육과 같은 생활 응급처치 교육도 추가된다. 최근에는 코로나로 인해 방역 대응업무로 구급대원들은 눈코 뜰 새 없이 바쁘다.

행정업무를 지원하는 내근업무도 있다. 소방이라는 조직이 유지되기 위해 행정적인 업무를 처리 또는 지원하고 직원들의 복지와 인사이동 같은 업무를 한다. 행정업무를 한다고 해서 해당 분야 채용을 별도로 하지는 않는다. 현장업무를 하던 소방관이 행정업무를 볼 수도 있고 다시 현장업무로 복귀하기도 한다. 행정업무를 담당하는 직원은 주 5일 근무를 한다. 신규 소방관을 채용하는 부서도 이러한 행정업무를 담당하는 부서다. 소방차나 구조장비 같은 현장 활동에 필요한 장비를 구매하기 위한 예산을 확보하고 집행하는 업무도 있으며 최근에는 소방관들의 심리상담 같은 일을 하는 업무도 생겼다.

어떤 분야가 되었든 모든 일은 소방관으로 채용된 사람이 한다. 채용될 때 특기를 선별해서 채용하긴 하지만 다수의 업무는 소방관이 순환보직을 통해 직접 담당한다.

Q3
출동하지 않을 때는
소방서에서 무엇을 하나요?

신고가 아무리 많다 하더라도 출동 벨이 매 순간 울리지는 않는다. 또 하루에 한 건의 출동도 없는 날도 있다. 그렇다고 해서 일이 없는 게 아니다. 소방관들은 당연히 출동에 대비해 만반의 태세를 갖춰야 한다. 그러기에 출동을 하지 않는 시간에도 그에 따른 다양하고 중요한 일을 한다.

우선 예방 활동이다. 소방서와 속해 있는 119안전센터의 경우 관할 구역의 중요한 시설이나 건물에 대한 특별경계업무를 수행한다. 예를 들어 어느 지역에 중요한 문화재가 있다면 담당 소방서의 업무 담당자와 해당 구역의 119안전센터는 주기적으로 방문하여 문화재에 대한 화재 예방 점검 그리고 관리인을 교육한다. 또 대형빌딩과 같이 시설에 사람이 많은 곳도 방문하여 화재나 지진 등 재난 상황 발생에 대비한 훈련을 한다. 이러한 시설에 대한 예방 교육 및 훈련은 거의 매일 이어진다고 보면 된다. 만약 훈련이나 교육을 하다가 출동 신고가 접수된다면 그곳에서 바로 현장으로 달려간다. 119안전센터나 구조대 사무실에서 출동대기를 하며 업무는 계속된다. 행정업무가 산더미다. 간단한 출동일지 작성부터 소방차, 장비 관리를 위한 전산 자료 입력과 같은 일이 많다. 소방관들

I am a firefighter

78

은 팀별로 행정업무 담당자를 지정해놓고 출동업무가 없는 날에는 행정업무가 밀리지 않도록 매일매일 처리한다. 팀장이나 센터장 또는 구조대장은 이러한 업무를 감독하고 결재한다.

자체 훈련도 있다. 소방관은 체력이 중요하기 때문에 일과시간 중 두 시간 이상은 체력단련을 해야 한다. 그 외 화재진압, 구조, 구급과 관련된 다양한 훈련도 매일 오후에 해야 한다. 또 정기적인 장비 점검 시간을 통해 수많은 소방장비를 이상 없이 정비해놔야 한다. 현장에서는 이런 소방장비의 고장이 치명적인 결과를 초래할 수 있기에 매주, 매월 정비하는 날을 정해놓고 들여다보고 확인한다.

새로 들어온 신규직원이나 다른 부서에서 온 직원에 대한 교육도 출동이 없는 일과시간에 이루어진다. 물론 소방학교에서 기본적인 교육은 다 마치고 오긴 하지만 각 119안전센터나 구조대가 속한 지역 특성에 맞는 훈련과 기술이 존재한다. 선배들은 후배들의 빠른 현장적응을 돕기 위해 쉬는 시간을 이용해 끊임없이 가르친다. 특히 장비를 다루거나 소방차를 조작하는 일은 매우 중요하다. 커다랗고 무거운 구조장비를 손에 익을 때까지 만지고 또 만진다. 소방차를 몰고 골목 사이사이를 다녀야 하는 기관원들은 후배 기관원들이 들어오면 소방차를 직접 몰고 나가 운전 연습을 시킨다. 출동이 아니면 훈련인데 이러한 훈련만이 출동에서 소방관들 스스로 자신을 지키고 시민을 지킬 수 있는 길이다.

때론 다 같이 모여 간식을 먹거나 탁구 같은 단체 운동을 하기도 한다. 식당 이모님이 내주시는 과일을 먹으며 담소를 나누기도 하고 심신 안정실에 들어가 잠시 휴식을 취하거나 책도 읽는다. 체력단련과 다르게 팀을 나누어 족구도 하는데 이러한 운동은 주로 휴일에 한다. 소방서의 시계는 다른 시계보다 2배는 빨리 간다고 한다. 출동과 훈련 그리고 수많은 행정 업무 덕에 시간이 어찌 가는 줄 모르기에 그렇다. 나도 그렇게 지내다 보니 어느덧 15년이란 시간을 소방서에서 보냈다.

Q4
소방서엔 소방관 외 어떤 업무를
하는 사람들이 있나요?

앞서 말했듯 소방서의 업무는 다양하기는 하지만 대다수 업무를 소방관들이 직접 한다. 업무를 구분해놓기는 했지만 그러한 일을 수행하는 사람은 거의 소방관들 자신이다. 하지만 그렇지 않은 부분이 하나 있다. 바로 식사를 담당해주는 분들이다.

소방관들의 식사를 마련해주시는 식당 주임님이 대표적이다. 몸을 쓰는 일을 하는 소방관들의 입맛에 맞는 맛있는 음식을 매일 준비한다. 때론 엄마같이 때론 친구같이 매일 식사시간을 즐겁게 해준다. 각자 다른 입맛을 맞추긴 힘들지만 늘 최선을 다해 다양한 음식이 올라온다. 혹여 소방관들이 안타깝게 순직하거나 다치기라도 하면 하염없이 눈물을 흘리며 슬퍼해 주는 가족 같은 분들이다. 지역마다 주임님, 이모님 등 부르는 호칭은 조금씩 다르다.

내가 부산의 한 소방서에서 근무할 때 정말이지 밥을 너무 맛있게 해주시는 주임님이 계셨는데 지금도 그 주임님의 음식 솜씨를 잊지 못한다. 오죽하면 그 당시 나와 나의 동료들은 밥 먹으러 출근한다고까지 했을까? 또 막내 구조대원이었던

15년 전 동료 구조대원이 순직했을 때 운구차가 구조대에 들어와 동료들과 마지막 인사를 나누는 동안 그 당시 식당 이모님께서 식당 입구에서 하염없이 우는 모습을 여전히 기억한다.

Q5
소방차는
어떤 종류가 있나요?

소방차는 소방관들에게 가장 중요한 장비다. 현장으로 신속하게 이동하는 수단이기도 하고 불과 맞서 싸울 수 있는 물을 공급하기도 한다. 수백 가지가 넘는 각종 구조장비가 적재되어 있기도 하고, 응급환자를 긴급하게 병원으로 이송하는 수단이기도 하다. 그것도 달리는 구급차 안에서 치료를 하면서 말이다. 이런 소방차도 종류가 매우 다양하다.

가장 먼저 펌프차. 흔히 소방차라고 할 때 가장 대표적으로 소개되는 소방의 주력 장비. 2,000ℓ 정도의 물을 싣고 있으며 이런 물을 화재 현장에서 내장된 고압 펌프의 힘으로 물을 방수한다. 4명에서 5명 정도의 소방관이 탑승하며 최근에는 전통적인 빨간색의 소방차 외에 주황색이나 형광색의 펌프차도 등장했다.

다음은 탱크차. 탱크차는 펌프차를 지원하는 소방차다. 펌프차에 실린 물은 화재 현장에서 충분하지 못하기 때문에 탱크차는 펌프차에 물을 공급한다. 대략 5,000ℓ 이상의 물을 싣고 있다. 그래서 차의 크기도 펌프차보다 더 크다. 통상 1~2명의 소방관이 탑승해서 운영한다.

▲ 소방서 차고

방수탑차는 특수한 펌프차라고 보면 된다. 빌딩과 같은 높은 곳의 화재일 때는 기존의 펌프차의 수압으로는 높은 곳까지 물이 닿지 않기 때문에 높이가 8m 전후의 높은 방수탑을 설치하고 그 위에서 방수할 수 있는 기능을 가진 소방차다. 최고 높이 18m의 방수탑을 설치한 방수탑차도 있다. 최근에는 무인으로 조작하는 무인방수탑차도 등장했다.

사다리소방차는 높은 곳에 있는 사람을 구조하거나 화재진압 대원이 올라가서 방수할 수 있도록 만들어진 차량이다. 지상 높이 15~30m 사다리를 설치한 펌프차가 기본이다. 주로 고층건물 화재 시 사용된다.

굴절소방차의 용도는 사다리소방차와 같다. 소방관이 탑승할 수 있는 바구니가 있는 기다란 축대가 있고 그런 축대를 조작하여 높은 곳까지 소방관이 접근할 수 있다. 또 그렇게 높은 곳에 있는 구조 대상자를 바구니로 이동시켜 구조할 수도 있다.

화학소방차는 물로 끄기 힘든 화학물질이나 인화성, 휘발성 액체의 화재에 대비한 소방차다. 소화용 화학 약제를 사용해서 방수하고 화학 화재에 대응하는 포말액을 물과 혼합하여 방수한다.

배연차는 연기를 제거하는 소방차다. 입구가 좁은 건물 지하와 같은 곳의 화재의 경우가 대표적으로 배연차가 필요한 곳이다. 물론 거의 모든 화재에는 배연차가 출동한다. 선풍기와 같이 생긴 커다란 팬이 역으로 돌면서 내부의 연기나 유독가스를 밖으로 배출한다.

조명차는 야간이나 어두운 곳을 밝게 비추는 역할을 한다. 화재나 구조 현장은 밤낮을 가리지 않기에 혹시나 어두운 곳에서 자칫 2차 사고가 일어날 수도 있기에 밝은 빛을 투사하여 소방관들이 조금이라도 안전하게 현장 활동을 할 수 있게 도와준다.

구조공작차는 구조대의 주력 소방차다. 구조공작차는 물이 없다. 대신에 100여 가지가 넘는 다양한 구조장비를 탑재해 놓는다. 5톤 이상의 대형 트럭을 개조해 만든 구조공작차는 구조대원들을 현장으로 이송하고 안에 실려있는 구조장비를

▲ 부산소방재난본부 특수구조대 구조공작차

적절하게 활용할 수 있게 한다. 탑재된 대표적인 장비로는 체인톱, 절단기, 스프레더, 유압 엔진, 발전기, 공기 호흡기, 스쿠버 장비, 로프, 체인, 에어 매트 등이 있다.

구급차는 구급대원의 주력 차량이다. 다른 소방차와 비교하면 작은 승합차의 크기다. 하지만 그 역할은 절대 작지 않으며 내부에 탑재된 각종 의료장비 역시 매우 전문적이고 고가다. 특이한 것은 구급차는 소방관 즉 구급대원들과 함께 환자가 탄다는 것이다. 그리고 환자의 보호자도 함께 탄다. 이것은 구급차가 가장 시민들에게 친숙하고 많이 이용된다는 뜻이기도 하다. 구급차 안에는 심장 제세동기, 산소호흡기, 외상 응급처치장비 등 다양한 응급의료장비가 있다. 기관원 1명과 구급대원 2명이 탑승한다.

그리고 사고 현장에서 소방차 전체를 지휘하는 지휘차도 있다. 지휘차에는 현장을 감독하고 지휘하는 지휘관이 탑승하여 사고 현장의 지휘소 역할을 한다. 그 외 소방차는 아니지만, 하늘을 날며 화재를 진압하거나 구조, 구급 활동을 하는 소방헬기도 있고 바다나 강, 호수와 같은 물에서 일어나는 수난사고를 대비하기 위한 소방정과 고속 구조정 같은 수난 기동장비도 있다.

소방차를 이야기할 때 빼먹지 않고 나오는 이야기가 바로 소방차가 출동할 때 길을 비켜주는 이야기다. 길이 막힌 도로나 차량이 많은 도로에서 소방차가 달리고 있으면 앞선 차들이 길을 터주는 사례가 있다. 하지만 아직 선진국과 비교해보자면 여전히 아쉬운 부분이 있다. 특히 구급차의 경우 숨이 멎은 환자나 정말이지 긴급한 환자를 이송할 때가 있는데 길을 비켜 주기는커녕 오히려 방해하는 몰상식한 사람도 있으니 정말 큰일 날 일이다. 소방차는 위험을 무릅쓰고 빠르게 현장으로 달려간다. 그 이유는 단 하나다. 그곳에 소방관을 기다리는 다급한 사람들이 있기 때문이다. 그런 사람들이 나와 모르는 사람들이 아니라 가족, 친구라고 생각해보자. 소방차가 사이렌을 울리고 달리고 있다면 잠시 옆으로 기꺼이 길을 터주자. 그런 행동이 누군가의 생명과 재산을 지키는 큰 배려일 수 있다.

화재 종류에 따른
소화기 선택법

& 올바른 소화기 사용법

지난 10여 년간의 화재 발생 건수 중에 가정에서 발생하는
주택 화재의 경우 발생비율은 전체 화재의 20%가 채 되지
않지만, 인명피해나 사망자 발생비율은 전체의 46%로 거의
절반에 육박한다. 이것은 다른 장소의 화재보다 인명피해가
더 심하다는 것을 보여주는데 그 이유는 다른 건축물보다 화
재에 대응할 수 있는 별도의 시설이나 장비가 없기 때문이
다. 물론 아파트의 경우에는 경보기나 스프링클러 같은 시설
이 있어 비교적 안전하다고 할 수 있지만, 단독주택이나 빌
라 등의 주거지는 이런 시설이 없는 곳이 대다수다. 그렇다
고 화재를 예방하는 장비가 전혀 없는 것은 아니다. 이럴 때
가장 필요한 화재 예방 장비가 바로 소화기다. 소화기는 초
기화재에서 소방차 1대의 위력에 맞먹을 만큼 큰 효과가 있
다. 하지만 소화기도 화재의 종류에 따라 성능이 다르기에
자세히 알아둔다면 사용하는 데 더 유용할 것이다.

1. 분말 소화기

가장 대중적인 소화기이며 대부분 화재에 대응할 수 있는 소화기다. 분말 소화기는 제1 인산암모늄이라는 분말 약제가 충전되어 담겨 있는데 화염에 발사하게 되면 분말이 화염을 덮어 공기를 차단하여 불을 끄는 방식이다. 분말 소화기는 일반적인 목재나 섬유 화재는 물론 유류나 화학 성분화재, 전기 화재 등 거의 모든 화재에 적용된다.

2. 포말 소화기

분말 소화기와 비슷한 가루 형태의 약제가 충전되어 있다. 충전된 탄산수소나트륨 용액과 황산알루미늄 용액이 섞이면서 이산화탄소의 거품과 수산화알루미늄의 거품이 화염에 공기를 차단하며 제압한다. 유류, 목재, 섬유 등의 화재에는 적합하나 전자기기에는 적용하면 고장이 날 수 있기에 사용이 어렵다.

3. 할론 소화기

할론 1211이라는 약제를 충전해 사용하며 일반 화재는 물론 전기, 가스 화재 등 모든 화재에 적용할 수 있다. 하지만 약제의 가격이 비싸다는 단점이 있다. 차량용 소화기로 적합하여 차량 화재에 대비하여 하나 정도 준비해놓으면 유용하다.

4. 이산화탄소 소화기

이산화탄소를 약재로 충전해서 사용한다. 일반 화재와 전기, 가스 화재에 적합하다. 특히 가연물에 피해를 거의 주지 않아 전기 제품 화재에 가장 적합하다. 소화기에서 분출될 때 극저온의 상태로 나오기 때문에 피부에 닿거나 하면 동상에 걸릴 위험이 있다.

올바른 소화기 사용법

1. 소화기를 가져와서 몸통을 단단히 잡고 안전핀을 뽑는다.
2. 노즐을 잡고 불 쪽을 향해 가까이 이동한다.
3. 손잡이를 꽉 움켜쥔다.
4. 분말이 골고루 불을 덮을 수 있도록 쏜다.

I am a firefighter

소방관이
걷는 길

나는 시골에서 자랐다. 나의 부모님은 작은 구멍가게 장사와 농사를 지으며 한 살 위의 형과 나를 키우셨다. 사는 동네는 어머니의 성씨만 모여 사는 집성촌이었고 외갓집이 지척에 있었다. 작은 동네였지만 인근에서 가장 큰 초등학교가 있었고, 경찰이 있는 파출소도 있는 동네였다. 어머니는 초등학교 선생님들과 파출소에서 일하는 경찰 아저씨들에게 점심을 해주는 일을 했다. 마땅한 식당이 없는 시골이다 보니 구멍가게를 운영하는 어머니에게 식사를 부탁한 듯했다. 어머니는 별다른 식단 없이 그냥 시골 집밥 정도의 밥을 선생님들과 경찰 아저씨들에게 매일 해줬다.

나는 선생님들과 경찰 아저씨들이 우리 집에 와서 식사할 때, 특히 경찰 아저씨들을 신기하게 바라봤다. 진한 군청색의 제복을 입고 허리에는 수갑과 권총 그리고 긴 곤봉을 차고 있었다. 내가 초등학교 다녔던 80년대 중반쯤의 경찰 제복이 그랬던 것으로 기억한다. 식사를 마치고 마당에 나와 담배를 피우고 있는 경찰 아저씨들 옆에서 작은 눈을 깜박거리면서 서성거리는 나를 보고 지켜보던 학교 선생님들이 한마디 하곤 했다.

"너도 어른이 되거든 멋진 경찰 아저씨가 되어라."

결과적으로 선생님의 말씀처럼 경찰이 되진 않았지만 같은 제복 공무원인 소방관이 되었다. 어쨌든 난 선생님의 그 말이 좋았다. 말끔한 제복을 함께 입고 허리에 권총을 찬 경찰이 막연하게 되고 싶긴 했나 보다. 그저 아저씨들이 입고 있었던 제복이 멋있어 보여서 그런 생각을 했다. 그리고 얼마 후에 일어난 일이다. 천식 환자였던 어머니의 병세가 갑자기 위독해졌다. 동네 아주머니들이 집으로 모여들어 독하게 기침 해대며 다 죽어가는 어머니를 둘러싸고 발만 동동 구르고 있었다. 아버지는 멀리 일 보러 가셨고 중학생이었던 형은 아직 학교에서 오지 않았다. 난 곧 숨이 넘어갈 듯한 어머니의 모습을 보고 무서워 덜덜 떨고 있을 뿐이었다. 그때였다. 하얀색 승합차 한 대가 집 앞 골목에 멈춰 서더니 진한 녹색 제복을 입은 아저씨 두 명이 차에서 내려 들것을 가지고 우리 집으로 들어왔다. 사경을 헤매는 어머니를 들것에 능숙하게 눕히고 이내 차에 옮겨 싣고 시내에 있는 큰 병원으로 갔다. 그 후 어머니는 위기를 넘기고 건강을 회복했다.

우리 집에 와서 어머니를 싣고 간 아저씨들이 119구급대원이 라는 것을 난 한참 뒤에 알았다. 평소 어머니의 병세를 잘 아는 옆집 아주머니가 다급히 119에 신고해 구급차를 요청했다. 난 119 아저씨들이 입고 있던 진녹색 제복이 그간 보아왔던 경찰 아저씨들의 군청색 제복과 다른 이유가 궁금했다. 소방관이라면 불만 끄는 줄 알았다. 하얀색 구급차도 생전 처음 봤고 그들이 아픈 사람을 병원으로 이송한다는 것도 처음 알

왔다. 어린 나의 눈에 비친 소방관의 첫 모습이었다. 이날의 기억을 가슴에 굳이 담지는 않았다. 그저 놀기 좋아하는 아이로 커서 고만고만한 중고등학교 시절을 거쳐 성인이 되었다. 지금에서 그때 기억을 꺼내 보는 이유는 소방관의 길을 걷고 있는 내 모습이 어린아이 눈에는 어떻게 보일까 궁금해서다. 소방관이라는 직업을 가진 지금, 과거 내 눈에 비친 제복을 입은 경찰이나 소방 구급대원들의 모습에 나를 비춰본다. 그리고 나의 직업을 동경하는 어린아이들에게 과연 자랑스럽게 이 직업을 권할 수 있을 것인가를 자문해본다. 평생의 직업을 가지기 위해 오늘도 밤낮으로 고군분투하는 젊은 취업준비생들에게 이 직업을 해보라고 감히 말할 수 있을까? 이런저런 사연을 뒤로 한 채 그냥 먹고살기 위한 수단으로 여겨 소방관이라는 직업을 선택했던 내가 과연 이 직업에 대해 얼마나 간절했는지 지금에서야 자신에게 물어볼 수밖에 없을 것 같다. 우리 집에 와서 밥을 먹고 멋지게 담배를 피우던 경찰 아저씨나 아픈 엄마를 데리고 병원으로 달려가던 구급대원 아저씨들 모두 내가 동경하던 제복 공무원의 모습이었다. 하지만 소방관이 되고 15년이 지난 지금 단순히 생계를 위해 가지기엔 소방관이 가지는 무거운 책임과 막중한 사명감을 미리 말하지 않을 수 없다.

소방관은 많은 사람에게 좋은 직업으로 인식되어 있다. 이유야 자명하다. 바로 타인을 위해 봉사한다는 것 때문일 것이다. 특히 어린아이들에게 소방관은 되고 싶은 직업 중 항상 손에 꼽힌다. 과분하고 고마운 일이다. 하지만 당장 직업을 선택해야 하는 이 땅의 청년 중 소방관이 되고자 하는 사람들에게는 소방관이라는 직업이 가지는 환상만을 말해주고 싶지 않다. 이 글을 쓰기 전 바로 어제도 차가운 강물에 스스로 몸을 던져 죽은 스무 살 남짓 젊은이의 시신을 건지고 왔다. 핏기 하나 없는 어린 청년의 굳은 몸을 나와 나의 동료는 겨우겨우 수습하여 가족에게 돌려보냈다. 그렇다. 절대 쉽지 않은 일이다. 과연 많은 사람이 살면서 물에 빠져 죽은 이의 몸을 만질 일이 있을까? 불에 타 까맣게 그을린 죽은 자의 몸을 꺼낼 일이 얼마나 있을까? 팔, 다리가 잘려 뿜어져 나오는 피를 온몸에 뒤집어쓰며 지혈을 해야 하는 일이 얼마나 있을까?

구조대원이 되고 나서 한동안 처참한 사고의 현장에서 죽어가는 누군가를 살리기 위해 사투를 벌이고, 혹여 내가 구하려던 누군가가 살지 못한다면 알 수 없는 공허함과 밀려오는 죄책감에 시달렸다. 조금만 더 잘했다면, 다른 방법을 찾아봤다면 그 사람은 살아날 수 있었을 거라는 뒤늦은 후회를 수없이 했다. 다행히 든든한 동료들과 사랑하는 가족이 있기에 심각한 트라우마에는 빠지지 않았다. 이러한 부분을 소방관의 길을 가고자 하는 사람들에게 반드시 말해주고 싶다. 소방관은 현장이라는 곳에서 자신의 몸을 아끼지 않고 타인을 위해 봉사를 해야 하는 직업이다. 그렇다고 자기 앞에 닥치는 위험을 고스란히 맞으라는 뜻은 아니다. 나도 살고 남도 살아야 한다. 그래서 우리의 일이 어렵다. 철저한 준비가 필요하다. 단순히 먹고살고자 들어서는 직업의 길이 아니라고 말하고 싶다. 누구나 하는 평범한 직업도 아님을 알려주고 싶다.

최근 SNS를 통해 소방관에 대해 여러 가지 문의를 해오는 젊은 친구들이 꽤 있다. 하나 같이 간절하고 진심으로 이 직업을 원한다. 하지만 나한테 묻지 않아도 채용준비를 위한 정보는 인터넷에 조금만 검색하면 찾아볼 수 있다. 그래서 굳이 그들에게 소방관이 되기 위해 어떤 기술적인 정보를 제공하지 않는다. 그래도 한마디 하자면 진정으로 소방관이 되고자 하는 마음이 중요하다고 말해준다. 준비는 그다음 일이다. 정말 소방관이 자신이 평생 몸담아야 할 직업의 길인지 깊이 고민한 후 이 길고 험한 길에 들어서라고 조심히 조언한다.

Q1
소방 관련 학과에
꼭 진학해야 하나요?

결론부터 말하면 그렇지 않다. 나 역시 소방 관련 학과를 다니지 않았다. 소방 관련 학과를 졸업하게 되면 경력경쟁 채용 분야에 응시할 수는 있다. 일명 '경채'라고 불리는 채용 방식인데 소방 관련 학과에서 소방과 연관된 이론과 실무를 미리 학습한 사람들에게 별도의 채용 조건으로 시험으로 치르게 해주는 방식이다. 일정한 조건만 갖추면 누구나 시험에 응시할 수 있는 공개경쟁 채용 분야와 구별된다. 이러한 소방 관련 학과 전공자들의 경우 몇 가지 채용에 다른 부분이 있다.

먼저 시험과목이 다르다. 공개경쟁 채용은 시험과목이 5과목이지만 관련 학과 경채는 시험과목이 3과목이다. 시험과목이 줄어든다는 것은 시험 준비에 있어 큰 이득을 볼 수 있는 부분이다. 아무래도 5과목을 준비하는 것보다 3과목을 준비하는 것이 시험을 준비하는 집중도나 시간 절약에 있어 유리한 것이 사실이다. 그리고 경쟁률도 다르다. 공채보다 경채가 경쟁률 2배가량 적다. 어쩌면 당연한 이치인데 관련 학과 출신들로만 시험을 치르니 그만큼 지원자 수가 공채보다 적을 수밖에 없다. 하지만 이 부분은 유리하다고만 할 수 없다. 같은 조건의 전공자들끼리 모여 시험 준비가 그만큼 아주 치열하므로 마음을 놓을 수 없는 일이다. 하지만 이 글을 쓰는 시점인 2022년 이후, 2023년 시험부터는 새롭게 개편된 시험과목이 적용된다고 한다. 공채와 경채의 특색에 맞는 개별 과목은 필기시험으로 진행하고 한국사와 영어와 같은 공통 과목은 한국사 능력 검정시험이나 TOEIC, TOEFL 등의 타 기관의 능력 검정시험으로 대체한다고 하니 개편되는 시험 정보를 정확히 확인해야 할 것으로 보인다.

말해둘 것은, 소방 관련 학과는 무조건 소방관 채용시험을 준비하는 학과가 아니다. 소방과 관련된 행정, 건축, 설비 등 다양한 산업 분야에 진출할 수 있다. 사회가 선진화되면서 안전이라는 인간이 기본적으로 누려야 할 중요한 가치를 전담하는 산업 분야가 바로 소방 분야다. 소방은 재난이 일어났을 때 대처를 하기도 하지만 재난에 대비하는 일도 하므로 향후 소방 관련 산업은 발전 가능성이 크다. 그러므로 소방 관련 학과에 진학을 염두에 두고 있다면 소방관 채용과 더불어 다양한 분야로의 진출도 생각해 볼 수 있다. 현직 소방관도 일하면서 관련 학과에 들어가 늦깎이 대학생이 되는 경우가 종종 있다. 그만큼 향후 해당 분야 산업에 종사할 기회를 얻기 위해 관련 학문을 공부한다.

우리나라의 소방 관련 학과는
얼마나 되고 무엇을 배우나요?

소방 관련 학과는 미래의 소방관은 물론이고 관련 산업에 종사할 전문가를 양성하는 곳이다. 특히 산업이 발전하면서 많은 재해가 발생함으로써 그러한 재해를 예방하고 대처하는 지식과 기술을 습득할 수 있다. 전국에 약 62개 대학교에 92개 관련 학과가 운영 중이다 2021년 기준 소방 관련 학과 목록 참고.

관련 학과는 전국에 다양하게 분포되어 있는데 대부분 이공계열로 분류되어 있다. 그도 그럴 것이 소방과 관련 학과는 화학이나 열역학, 소방기계나 전기 그리고 건축설비 등의 학문을 깊게 들여다보기 때문이다. 하지만 여기서 반드시 짚고 가야 할 것이 있다. 소방 관련 학과라고 해서 무조건 소방관을 목표로 하지 않는다. 앞서 말했듯 소방 관련 학과는 소방과 연관된 학문 분야를 공부하는 것이지 소방관을 양성하는 대학으로만 오해해서는 안 된다. 관련 학과 경쟁 채용에 있어 전공자를 일부 채용하는 형식이 있을 뿐 별도의 특혜를 주지는 않는다.

따라서 소방 관련 학과에 진학하여 공부하고자 하는 것은 소방에 대한 전반적인 분야를 익히는 공부를 하는 것이다. 소방 관련 학과가 예비 소방관만을 양성하는 것이 아님을 알아야 한다. 관련 학과에서는 구조나 구급 분야를 전문적으로 공부하지 않는다는 것이 좋은 예다. 간단한 이론과 실습은 있을 수 있지만, 소방업무의 중요한 축을 담당하는 구조 분야와 구급 분야는 관련 학과에서 깊이 있게 가르쳐주지도 배울 수도 없는 분야다. 구조는 특수부대의 군 경험을 우선으로 채용하고 있으며 구급은 응급구조학과나 간호사 등 의료 분야 관련자를 경력 채용하고 있다. 말인즉 소방 관련 학과는 말 그대로 소방직별_{구조, 구급 경력 채용 제외} 분야에만 지원할 수 있으니 착오가 없어야 하겠다. 자신이 구조나 구급 분야에 도전해보고 싶다면 다른 길을 찾아야 한다.

일단 소방 관련 학과에 입학하면 관련된 다양한 학문을 공부한다. 소방학개론을 공부하고 소방행정과 기본적인 영어 등 교양과목을 필수로 이수한다. 전공 분야를 보자면 소방행정법, 소방건축법 안전관리, 소방설비, 소화설비 및 위험시설 관리, 소방보건학, 응급재난관리론, 소방사법, 소방범죄, 소방검사론, 화재조사론 등 법률, 행정 분야 전공이 있으며 연소공학, 화재유체역학, 화재열역학, 소방건축, 소방설비, 소방기계공학, 소방전기공학, 소화약제 등 방재공학 전공 분야도 공부해야 한다. 그 외 화재진압 전술이나 응급처치 등에 대해서도 이론과 실무를 습득한다.

소방 관련 학문을 전공하면서 소방 관련 자격증도 취득할 수 있다. 소방기계, 소방전기, 위험물 등 관련된 산업기사, 기사 자격증은 취득한다면 향후 취업이나 해당 분야 진출에 있어 유용하게 쓰인다. 또한, 화재감식이나 소방안전교육사와 같은 자격증 역시 미래를 대비하기에 좋은 자격증이다. 이러한 자격증은 관련 학과가 4년제 또는 3년제, 2년제 등 학제에 따라 응시할 수 있는 기준이 다르므로 자신이 진학하고자 하는 관련 학과의 학제를 잘 알아보고 선택할 필요가 있다. 물론 소방관 채용시험에는 2년제 졸업만으로 응시할 수 있다. 대학이나 학과마다 교과과정의 차이가 있으니 사전에 인지하고 선택의 기준에 잘 적용해야 할 것이다.

소방이라는 분야는 사회 전반에 걸쳐 적용이 가능한 산업이다. 인간의 의식주 모든 분야에 해당이 되는데 이것은 재난에 대비하는 방재의 개념이 강해서 그렇다. 대학에서 소방에 대한 학문을 연구한다는 것은 이러한 방재 분야에 관한 연구에 집중되어 있다. 매우 중요하며 특히 선진국의 대열에 올라선 우리나라도 안전에 대한 많은 투자가 앞으로 이루어지리라 본다. 그와 관련해 소방 관련 학과의 미래 비전도 밝다고 생각한다. 다만 소방 현장에서 이루어지는 화재, 구조, 구급 등 현직 소방관들의 현장 활동에 관한 학문적 연구 개발이 더 활발해졌으면 하는 바람이다. 나는 개인적으로 구조 분야 특히 수난구조 분야에 있어 학문적 체계를 확립하고자 다양한 노력을 해왔는데 현직 구조대원의 관점에서 학문적 접근이 기존의 관련 학과의 이론과 자주 접목되기를 희망한다.

나는 고졸의 학력으로 학점은행제라는 제도를 통해 학사 학위를 취득했다. 운동을 좋아해 체육학을 전공했는데 이 분야가 딱 소방과 연관이 된다고 말할 수는 없겠지만 그래도 체육학을 전공하며 인간의 신체활동이 소방관의 체력에 어떠한 영향을 주는지 어렴풋이 알 수 있었다. 이론과 현장의 틈을 줄이기 위한 체험을 직접 해봤다고 조심스럽게 자부한다. 앞으로 나의 경험처럼 관련 학과에서 공부하는 많은 학생이 소방과 연관된 분야에 진출하여 스스로 갈고닦은 학문을 마음껏 펼쳐보기를 희망한다.

2021년 기준 소방 관련 학과 목록*

번호	학교	학부	학년
1	가천대학교	설비 · 소방공학과	4년제
2	강동대학교	소방안전과	2년제
3	강원대학교	소방방재학부 재난관리공학전공	4년제
4	강원대학교	소방방재학부 소방방재공학전공	4년제
5	강원도립대학교	소방환경방재과	2년제
6	건국대학교 (글로컬 캠퍼스)	소방방재융합학과	4년제
7	건양대학교	재난안전소방학과	4년제
8	건양사이버대학교	재난안전소방학과	4년제
9	경남대학교	소방방재공학과	4년제
10	경남도립거창대학	소방 · 전기계열 소방방재전공	2년제
11	경남정보대학교	소방안전관리과	2년제
12	경민대학교	소방안전관리과	2년제
13	경북도립대학교	소방방재과	3년제
14	경북전문대학교	소방안전관리과	2년제
15	경일대학교	소방방재학과	4년제
16	경주대학교	환경에너지방재학부 소방방재전공	4년제

*   중앙소방학교, 2021.

17	경주대학교	원자력방재학과	4년제
18	계명문화대학교	소방환경안전과	2년제
19	광주대학교	소방행정학과	4년제
20	구미대학교	소방안전과	2년제
21	국제대학교	소방안전관리학과	3년제
22	김천대학교	경찰소방학부 소방학전공	4년제
23	김해대학교	소방안전관리과	2년제
24	대구보건대학교	소방안전관리과	2년제
25	대구한의대학교	소방방재안전학부 소방방재환경전공	4년제
26	대림대학교	소방안전설비과	3년제
27	대원대학교	소방안전관리과	2년제
28	대전과학기술대학교	소방안전관리학과	2년제
29	대전대학교	소방방재학과	4년제
30	대전보건대학교	재난건설안전과	3년제
31	동강대학교	소방안전과(주간)	2년제
32	동강대학교	소방안전과(야간)	2년제
33	동신대학교	소방행정학과	4년제
34	동아대학교	경찰소방학과	4년제
35	동양대학교	건축소방안전학과	4년제
36	동원과학기술대학교	소방방재학과	2년제
37	동원과학기술대학교	소방안전관리과	2년제
38	동원대학교	소방안전관리과	2년제
39	동의대학교	소방방재행정학과	4년제
40	목원대학교	소방안전관리학과	4년제
41	부경대학교	소방공학과	4년제
42	부산경상대학교	소방안전전기전자과 소방안전관리전공	3년제
43	부산경상대학교	소방안전전기전자과 소방행정공무원전공	3년제
44	부산과학기술대학교	소방안전관리과	2년제

45	상지대학교	소방공학과	4년제
46	상지영서대학교	소방안전과	2년제
47	서영대학교	소방안전과	2년제
48	서영대학교	소방행정과	2년제
49	서울디지털대학교	소방방재학과	4년제
50	서울시립대학교	소방방재학과	4년제
51	서원대학교	소방행정학과	4년제
52	서정대학교	소방안전관리과	2년제
53	세경대학교	소방구조구급과	2년제
54	세명대학교	소방방재학과	4년제
55	세종사이버대학교	소방방재학과	4년제
56	세종사이버대학교	소방행정학과	4년제
57	세한대학교	소방행정학과	4년제
58	수원과학대학교	소방안전설비공학과	2년제
59	순천제일대학교	소방방재과	2년제
60	숭실사이버대학교	소방방재학과	4년제
61	신성대학교	소방안전관리과	2년제
62	안동과학대학교	소방안전과	2년제
63	오산대학교	소방안전관리과	2년제
64	용인송담대학교	건축소방설비과	2년제
65	우석대학교	소방방재학과	4년제
66	우석대학교	소방행정학과	4년제
67	우송대학교	소방안전학부 소방방재전공	4년제
68	우송정보대학	소방안전관리과	2년제
69	원광대학교	소방행정학과	4년제
70	위덕대학교	소방방재학과	4년제
71	위덕대학교	건축소방안전학과	4년제
72	유원대학교	경찰소방행정학부 소방행정전공	4년제

73	전남도립대학교	소방안전관리과	2년제
74	전주대학교	소방안전공학과	4년제
75	제주국제대학교	소방방재학과	4년제
76	조선대학교	신산업융합학부 소방에너지시스템전공	4년제
77	중원대학교	소방방재학과	4년제
78	창신대학교	소방방재공학과	4년제
79	청암대학교	소방안전관리과	2년제
80	청운대학교	건축공학과 에너지소방전공(주간)	4년제
81	청운대학교	설비소방학과(주간)	4년제
82	청운대학교	설비소방학과(산업대학)	4년제
83	청운대학교	건축설비소방학과	4년제
84	초당대학교	소방행정학과	4년제
85	충남도립대학교	소방안전관리학과	2년제
86	충북도립대학교	소방행정과	2년제
87	충청대학교	소방안전과	2년제
88	포항대학교	소방방재안전과	2년제
89	한국열린사이버대학교	소방방재안전학과	4년제
90	한라대학교	소방방재학과	4년제
91	혜전대학교	소방안전관리과	2년제
92	호남대학교	소방행정학과	4년제
93	호산대학교	소방안전관리과	2년제
94	호서대학교	안전소방학부 소방방재트랙	4년제
95	호원대학교	소방안전학과	4년제

Q3
학력이나 학벌이
중요한가요?

그렇지 않다. 나 역시 고등학교 졸업이 전부인 학력으로 소방
관이 되었다. 채용 기준으로 봐도 학력이나 학벌은 절대 중요
하지 않다. 단, 관련 학과 경쟁채용의 경우 해당 학과 졸업 이
상의 학력을 요구한다. 소방관이 되고 나서도 나의 고졸의 학
력이 단 한 번도 이 일을 하는 데 문제가 되거나 제한이 된 적
이 없다. 동료들 사이에서도 서로의 학력이나 학벌은 관심조
차 없는 일이다.

시뻘건 불이 타오르고 까만 연기로 뒤덮인 화마 속으로 뛰어
들어가는 일에 학력이 뭐가 중요하겠는가? 명문대를 졸업한
사람이나 고등학교만 나온 사람에게 불은 똑같이 위험하다.
현장에서 위험에 처한 구조 대상자가 소방관의 학력을 물어
보고 더 좋은 대학교를 졸업한 사람에게 구조를 요청하는 일
은 결코 없다. 다만 업무를 수행하는 기본적인 자질은 있어야
하는데 이것은 채용시험에서 치르는 국어, 영어, 한국사 등 고
등학교 정규과정 수준의 시험문제를 풀어낼 정도의 능력이
면 충분하다. 공문서를 만들고 행정적인 보고를 하기 위해 국
어 구사 능력은 어느 정도 있어야 하겠으며 대한민국 공무원
으로서 우리나라의 역사에 대한 맥락도 최소한으로 익혀야

한다. 또한, 소방업무에 필요한 기초영어 수준의 읽기, 쓰기에 대한 능력을 갖추는 것도 좋다. 이러한 학업 수준은 소방 수험생활을 하면서 충분히 익힐 수 있는 수준이다.

물론 대학교에서 수준 높은 학문을 배우고 소방에 들어온다면 업무를 수행하는데 도움이 될 수도 있다. 소방이라는 조직도 국가 행정 조직의 하나로 기획이나 예산, 감사와 같은 많은 행정업무를 함께 한다. 현장에서야 당연히 화재를 진압하고 인명을 구조하는 기술이 우선되겠지만 행정적인 업무 역시 중요한 일이기에 해당하는 분야에 있어 남들보다 더 다양한 지식이 있다면 충분히 그 분야에 두루 쓰일 기회가 올 것이다. 특히 소방공무원들에게도 외국 유학과 같은 기회가 주어지는데 어학 능력이 출중하다면 그런 기회를 노릴만하다. 해외 선진 소방 학문 또는 기술을 배워와 대한민국 소방 발전에 이바지할 수 있는 뿌듯한 일을 할 수도 있다.

현장에서 몸으로 행하는 일이 주를 이루는 직업이지만 늘 책을 가까이해야 하는 일이기도 하다. 화재의 성상, 위험물, 소방설비 등 소방과 관련된 학문은 현직 소방관들도 늘 관심을 가지는 학문 분야다. 이런 분야의 학문에 통달하여 소방관으로 일하며 대학교에 출강하는 멋진 동료들도 주변에 있다. 소방업무와 관련되지 않더라도 다른 분야에 관심 가지고 틈틈이 공부하는 소방관들도 많다. 수년 전 부산소방항공대에 근무하시던 한 선배님은 시인으로 등단까지 한 문학가였다. 또 다른 선배님은 소방관들의 승진 시험에 필요한 수험서를 직접 저술하여 동료들에게 많은 도움을 주기도 했다. 부끄럽게도 나도 소방관으로서의 지난 기억을 모아 수필책 한 권을 출간한 적이 있는데 이 모든 것이 평소 책을 가까이 한 결과가 아닐까 한다.

세상일이 다 그렇다. 지식보다 지혜가 더 필요하다는 것은 소방관으로서 일을 해오며 매 순간 느낀다. 좋은 대학을 나오고 다양한 지식을 배운 것도 존중할만하지만, 사람과 부대끼는 일을 하는 소방관의 일상에는 현명한 지혜가 더 필요한 것 같다. 생명을 소중히 여기는 인간애와 위험에 직면했을 때 올바른 선택을 할 수 있는 판단력은 결코 학교라는 곳에서는 배우기 힘든 일일 것이다. 답은 현장에 있다.

Q4
소방관이 되기 위한
필수 자격증이 있나요?

소방관이 되기 위해 미리 준비할 자격은 크게 없다. 채용 규정상 제1종 운전면허 중 대형면허 또는 보통면허가 필수적으로 취득해야 할 자격증이긴 하다. 다른 직종보다 소방차라는 중요한 장비를 운용해야 하는 직업의 특성상 운전면허는 필수다. 1종 보통 아니면 대형 중 하나만 있으면 된다. 취득하기가 어려운 자격증이 아니니 준비하는데 힘들지 않을 것이다. 하지만 조금 세밀하게 따져보자면 소위 '장롱면허'는 조금 생각해 봐야 할 일이다.

면허증이 있다는 것은 채용시험을 치르는 데 있어 서류상 문제 될 것이 없으니 실기, 필기, 면접 등 다른 시험에 통과한다면 소방관으로 일을 시작할 수 있다. 다만 면허증이 있는데도 불구하고 운전이 서툴다면 당장 현장에서 소방차를 조작해야 하는 일에 어려움을 겪는다. 특히 대형면허의 경우는 문제가 심각할 수도 있다. 대형면허는 보통면허보다 취득하기가 쉽지 않을뿐더러 운전 경험을 쌓기도 힘들다. 소방차는 대부분 대형 차량이다. 작게는 3t부터 많게는 10t에 이르는 큰 차가 주를 이룬다. 그래서 이런 대형 소방차를 운용할 수 있는 면허증 소지 여부도 당연하겠거니와 실제 운전이 얼마나 능숙한지도 중요한 요건이다. 물론 채용시험에 운전을 얼마나 잘하는지를 확인할 수 없다. 그렇다고 너무 걱정할 필요는 없다. 소방서로 배치받고 바로 소방차 운전을 시키지는 않는다. 또 경험 많은 선배들이 소방차 운전에 대한 연습을 천천히 시켜주기도 한다. 과거 소방차를 운전하는 '운전' 직별을 별도로 선발하였으나 지금은 보편적이지 않다. 현재는 대형운전면허 자격이 있는 응시자에 대해 0.1할 정도 별도의 가점을 부여하는 방식으로 채용한다.

그 외 필수 자격은 아니지만 취득해 놓는다면 채용 시 가점을 받는 자격증이 여러 개 있다. 소방 관련 자격증이 대표적인데 이러한 자격증은 기술사, 기능장, 기사, 산업기사 등 취득 난이도에 따라 가점 비율이 다르다. 그 외 항해사, 잠수기능사, 항공정비사 등 가점 비율에 따라 채용에 득이 되는 자격이 있으니 관심이 있다면 미리 준비하길 권한다.

Q5

소방관은 외국어를
잘해야 하나요?

10년 전쯤 소방학교 현장 교관으로 일했다. 신규 채용된 후배들에게 화재, 구조 분야 현장 실습을 가르치는 일을 주로 했고 때론 현직으로 근무 중인 선후배 동료들의 전문교육과정 교육도 했다. 그중에서 가장 기억에 남는 교육을 꼽자면 2011년 여름에 했던 '국제공인 수난구조 교수 요원 양성과정'이라는 교육이다. 미국에서 수난구조 전문가 3명을 초빙해서 자체적으로 엄격하게 선발된 구조대원에게 국제적으로 공인된 수난구조 기술을 전수한 것이다. 나는 이 교육에 대해 기획, 교육생 선발, 교육 진행과 함께 직접 교육생으로 참여까지 했다. 미국에서 전설적인 Rescue Swimmer*로 알려진 3명의 전문가에게 우리는 선진 구조 기법을 전수하였다. 매일 밤낮으로 바다에 나가서 힘든 해상구조 교육을 하는 것도 보통 일이 아니었지만, 충분히 견딜 수는 있었다. 이미 UDT에서 바닷속을 매일같이 들락거렸던 경험이 있었다. 다만, 이때 난생처음으로 영어라는 언어의 장벽을 몸소 느끼며 어학 능력을 갖

---

* 미 해군, 미 연안경비대, 미 공군 등에 있는 수난구조 전문가 집단이다. 일반적으로 바다뿐만 아니라 육지 또는 공중에서 곤경에 처한 사람을 구하고 및 응급처치 등을 한다. 특히 가장 거칠고 험난한 수난구조 현장에 투입되며 평소 고난도의 구조훈련을 받는 것으로 유명하다.

추어야겠다는 생각을 하게 되었다. 영어를 못하니 우리를 가르치는 그들의 말을 알아들을 수가 없었다. 물론 통역이 있었지만 강한 파도가 치는 바다에서 매우 다급하게 진행되는 현장 교육에 있어 언어 소통이 힘든 점은 지금도 매우 아쉬운 점으로 기억한다.

현대의 소방관은 불 끄고, 구조 잘하고, 환자 치료나 이송만 잘한다고 될 일이 아니다. 다양한 능력이 요구되고 그런 능력 있는 직원일수록 내부적으로 역량을 발휘할 기회도 많이 주어진다. 특히 그중에서도 어학 능력은 매우 주목받는 역량 중 하나다. 아마 다른 직업에서도 외국어를 자유자재로 구사한다는 것은 특출한 능력으로 인정받고 있는 것으로 안다. 외국어를 잘해야 하느냐고 꼭 따져 묻는다면 그렇지 않아도 소방관으로서 일하는 것에는 전혀 문제가 없다는 점을 먼저 밝힌다. 하지만 외국어를 잘한다면 분명 더 많은 기회가 주어지는 것 또한 분명하다. 소방관뿐만 아니라 대한민국 공무원으로서 일하다 보면 해외 출장, 유학, 연수 등의 기회가 생기는데 당연히 어학 능력을 갖춘 직원에게 우선해서 기회를 부여한다. 또한, 국내외에서 개최되는 다양한 국제행사에 소방관으로서 안전 업무에 투입되는 경우가 많은데 어학 능력이 있는 직원들이라면 남보다 더 중요한 업무를 담당할 수 있을 것이다. 소방관으로 근무하며 경력에 도움 되는 기회가 가끔 오는데 특히 해외 소방관들과의 교류는 매우 접하기 힘든 기회다. 그런 기회를 잡고자 한다면 외국어를 잘하는 자신만의 특기를 개발하기를 권한다. 외국어 능력자를 우대하는 현실은 다른 직종이나 소방관의 일이나 크게 다르지 않다는 것을 말해주고 싶다.

Q6
소방관도
유학이 필요한가요?

소방학교 시절 함께 근무하며 친분을 쌓았던 존경하는 선배가 있었다. 함께 야간 당직을 할 때면 야식으로 떡볶이와 순대를 시켜 먹으면서 많은 이야기를 나누었다. 특히 자녀 문제에 대해서 서로 생각하는 바가 비슷했다. 선배도 딸 하나만 키우고 있었고 나 역시 그랬다. 독서의 중요성을 강조하며 아이에게 책을 많이 읽게 하는 것도 비슷했고 TV나 인터넷, 스마트폰을 보여주는 것은 좋지 못하다는 인식도 같았다. 특히 자녀 유학에 대해서 마음이 통했는데 어린 시절 외국에서 생활하며 다양한 문화를 배우는 것이 어떻겠냐라는 서로의 생각을 공유하기도 했다. 한국의 교육시스템이나 자녀를 키우는 환경이 외국보다 못해서 그런 것이 아니다. 유학이라고 해서 공부나 학벌을 위한 무언가를 얻기 위하기보다 다른 나라의 친구들을 사귀며 다양한 문화와 환경을 일찍 보여주고 싶은 마음에서 그랬던 것 같다. 그만큼 선배와 나, 둘 다 유학이라는 것에 긍정적으로 생각했다. 십수 년이 지난 지금, 그 선배는 사랑하는 가족과 함께 영국으로 유학을 떠났다. 특이한 것은 개인적인 계획이 아니라 공무원 해외 유학제도를 통해 엄격한 선발 과정을 거친 다음 특별히 선정되는 영광을 얻게 된 것이다. 선배는 영국의 한 대학교에서 건축물의 공학적 시스템이 화재에 어떠한 영향을 미치는지 연구하고 석사나 박사 학위에 도전하는 것으로 알고 있다.

선배의 사례에서 보듯이 해외로 가서 소방과 관련된 선진 문물을 배우고 오는 것은 소방 조직으로 보나 개인적인 발전으로 보나 매우 바람직하다. 하지만 절차와 시기 등 고려할 사항이 많다. 일단 소방관으로 채용되기 전에 이러한 유학은 큰 의미가 없을 수 있다. 예를 들자면 걷지도 못하는 사람이 뛰는 형국이다. 소방 학과에 들어와 다양한 이론과 실무를 몸소 익힌 다음에 유학을 가는 것이 더 효율적이다. 소방 관련 학과 소개 때 밝혔듯 학문에 뜻이 있다면 우선 국내 대학의 관련 학과에 진학해서 공부를 시작하는 것이 낫다.

그렇다면 소방관이 되고 나서 유학의 길을 가고 싶다면 어떻게 해야 할까? 두 가지 길이 있다. 개인적으로 유학을 가는 것과 국가에서 보내주는 해외 유학제도를 이용하는 것이다. 스스로가 어떠한 목표를 이루기 위한 개인적인 해외 유학은 휴직을 통해 가능하다. 절차도 어렵지 않다. 유학을 계획하고 관련 서류를 준비하여 휴직을 신청하면 된다. 다만 해외 유학으로 인한 휴직 기간 보수를 받지 못할 수 있다. 물론 유학에 드는 비용은 본인 부담이다. 이것은 본인이 근무하는 해당 지자체의 규정에 따라야 할 것이다. 다음은 국가에서 보내주는 유학제도를 이용하는 것이다. 공무원 조직은 철저히 시스템화되어 있다. 이 말은 곧 자신의 능력이 아무리 뛰어난들 정해진 절차를 지켜야 한다는 것을 말한다. 소방관으로서 역량을 키우기 위한 열정과 경험 그리고 능력이 아무리 풍부해도 정당한 선발 과정을 거쳐야 한다. 유학 비용을 국가가 부담하지만 아무나 보내주지는 않는다. 유학을 통해 조직에 이바지할 수 있는 정도 등 엄격한 심사를 한다. 앞서 말한 나의 선배도 이 제도를 통해 외국으로 갔다.

소방관으로 직무를 수행하는 데 있어 유학이 꼭 필요한 것은 아니다. 다만 개인적인 목적에 부합한다면 추천하고 싶다. 얻는 것이 많다. 유학제도가 아니더라도 연수, 출장 등의 기회도 있다. 화재, 구조, 구급 분야별로 외국의 훈련기관에 일정 기간 선진 문물을 배울 수 있는 제도가 마련되어 있다. 이러한 제도를 적절히 활용한다면 해외로 가 많은 경험을 할 수 있을 것이다. 난 2년 전 어렵게 해외연수의 기회를 얻었지만, 코로나로 무기한 연기되어 아쉬워하고 있다. 언젠가 외국으로 나가 해외의 소방관들과 함께 내가 좋아하는 수난구조 분야의 교류를 기대하고 있다.

Q7
배워두면
좋은 기술이 있나요?

소방관은 몸을 쓰는 직업이다. 그리고 많은 장비를 조작한다. 구조대만 하더라도 수백 가지의 구조장비를 보유하고 있다. 구조대 막내 시절 구조공작차에 가득 실린 구조장비를 보고 아연실색한 적이 있었다. 그 시절 처음 구조대원으로서 해야 할 일은 수많은 장비의 이름을 외우고 구조공작차 어디에 실려있는지 기억하는 일이었다. 거기다가 출동이 없는 시간이면 매일같이 구조대 차고에서 선배들에게 구조장비 작동법을 배웠다. 또 장비가 고장이 났을 때 신속하게 조치하는 방법이나 장비의 윤활유와 같은 소모품을 교체하는 간단한 관리요령도 익혔다. 구조대에 처음 와서 선배들의 주황색 기동복에 왜 기름때가 저렇게 많이 묻어 있을까 궁금했는데 그 이유가 바로 장비 때문인 것을 금방 알았다.

모든 게 생소했다. 가장 힘든 점이 장비를 운영하는 것이었지만 다른 분야도 막막하긴 마찬가지였다. 특히 공문서를 작성하는 일이 쉽지 않았다. 소방관이 되기 전 당시 유행했던 '싸이월드'라는 인터넷 커뮤니티를 보는 게 컴퓨터를 다루는 전부였다. 워드프로세서, 엑셀과 같은 문서 프로그램은 소방관이 되고 나서야 처음 구경했다. 당연히 문서처리 속도가 느렸고 나 자신도 이것 때문에 상당한 스트레스를 받았다. 다행히 함께 들어온 동기가 이런 일을 잘해서 동기의 도움을 받아 겨우 업무를 처리해 갔다. 소방관이 되면 가장 처음 맡는 일이 '서무'라고 하는 행정업무이다. 근무하는 안전센터나 구조대로 접수되는 공문서를 확인하고 관련된 내용을 팀장님이나 센터장님 또는 대장님께 보고해야 하며 결과를 다시 확인해서 문서로 작성해서 내보내야 한다. 일일, 주간, 월간, 분기, 연간 등 주기적으로 계획하고 보고해야 하는 문서 작업이 생각보다 많다. 거기에 출동도 가고 장비도 만지고 훈련도 해야 하니 소방서 막내의 하루는 그야말로 눈 깜박할 사이 지나간다.

개인적인 경험에서 보자면 이런 부분을 미리 준비해놓으면 좋다. 물론 내가 막내 시절이었던 15년 전 모습과 비교할 일은 아니다. 요즘 들어오는 새내기 소방관들은 스스로 준비를 잘하고 들어오는 듯하여 격세지감을 느낀다. 그렇다 하더라도 다시 한번 강조하고 싶다. 일단 문서 작업을 할 수 있는 능력을 익히기 바란다. 한글 워드프로세서, 엑셀, PPT 등을 충분히 스스로 해낼 수 있어야 한다. 자격증을 따면 더 좋겠지만 업무를 수행할 수 있을 정도만이라도 충분하다. 행정업무를 능숙하게 해낸다면 다른 현장업무를 준비할 수 있는 시간이 더 생긴다. 개인적인 역량을 기를 수 있는 시간도 더 난다. 공무원 조직은 공문으로 시작해서 공문으로 끝난다. 그래서 이런 부분을 미리 익히기를 당부한다. 소방관이 되기 전에 소방장비를 만져보기는 힘든 일이니 인터넷 검색 등을 통해 장비의 제원이나 종류 등을 한 번쯤 알아두는 것도 나쁘지 않다. 화재진압대원이라면 화재진압 장비를 구조대원이라면 유압 장비나 수난 장비를 알아두는 것이 좋다. 구급대원들은 해당 분야에 근무해 보며 임상을 미리 겪어보는 것으로 안다.

굳이 한 가지 더 강조하자면 체력을 길러놓으라 하고 싶다. 앞서 말한 능력치는 소방서에 들어와 배울 수도 있겠지만 자신의 체력은 그렇지 않다. 당장 출동을 나가서 움직여야 하는 육체는 소방관에게는 가장 큰 무기다. 한 발짝 더 뛰어야 하고, 하나라도 더 들어야 한다. 내가 아닌 누군가를 들쳐메야 한다. 소방관을 준비한다면 적어도 하루 2시간 이상 운동을 해라. 이 부분을 가장 크게 강조하고 싶다. 채용과정에 체력시험을 통과해야 할 텐데 월등한 실력으로 체력시험을 통과해도 현장에서 쓰이는 힘은 또 다르다. 특히 구조대원이라면 더 그렇다. 당장 피트니스 센터나 수영장으로 가서 몸을 만들어라. 특히 수난구조에 필요한 수영, 스쿠버 기술을 익히길 바란다. 많은 구조대원이 가장 힘들어하는 분야가 수난구조다. 소방관이 되기 위해 치러야 할 시험 준비와 더불어 조금씩 자신을 단련하길 바란다. 당신이 소방관이 되고 나서 맞닥뜨려야 할 현장의 현실은 생각보다 훨씬 더 가혹하다.

Q8

학창 시절,
어떤 준비를 해두면 좋을까요?

친하게 지내는 구조대 선배의 집에 자주 갔다. 선배의 이름은 '배몽기'다. 몽기 형님과 소주 한잔할 때면 2차는 늘 자기 집으로 갔다. 괜한 민폐를 끼치는 것 같아 처음에는 거절했지만, 몽기 형님은 후배를 집에 초대하는 것을 좋아했다. 집에 있는 형수님께서도 싫은 기색 없이 우리를 맞았다. 불쑥 찾아가는 소방관 동생들에게 형수님은 이런저런 안주를 만들어주시며 때론 같이 술잔을 기울이곤 했다. 형님에게는 아들 삼 형제가 있었다. 술에 취한 아빠와 삼촌들이 현관문에 들어서면 삼 형제는 쪼르륵 달려 나와 머리를 깊게 숙이며 인사를 했다. 특수부대 출신의 구조대원 아빠와 삼촌들에게 삼 형제는 항상 예의 바르게 행동했다. 그중 큰아들이 늘 기특했다. 이름은 '배태랑'이다. 배 씨 성을 가진 선배가 이름을 너무 멋지게 지었다. 태랑이를 처음 볼 때 중학생이었다. 공부도 잘하고 운동도 잘하고 친구들도 많았던 태랑이는 아빠의 자랑이었다. 선배의 집에 갈 때마다 태랑이의 커가는 모습을 지켜봤다. 그런 태랑이가 지금은 소방관이 됐다.

아빠가 평생 걸었던 길을 아들이 따랐다. 기특하고 자랑스럽지만 내심 걱정도 된다. 이 일이 얼마나 힘든지 아빠도 삼촌

123

도 잘 알기 때문이다. 선배는 자기 아들에게 소방관이 되라고 군이 권하지 않았다고 한다. 하지만 아들은 아빠의 길을 택했다. 무엇이 태랑이의 마음을 그렇게 이끌었을까? 무엇보다 아빠의 모습을 보고 자랐기에 그랬을 것이다. 아빠가 소방관이 었기에 누구보다 소방관의 현실을 잘 알았을 테고 그것이 오히려 선택에 도움이 되었으리라 본다. 나는 소방관이 되고자 하는 고등학생, 대학생 그리고 또 다른 젊은 청년들에게 말하고 싶다. 자신이 되고자 하는 직업에 대해 동경이 있다면 외적으로 보이지 않는 더 깊은 곳을 들여다보라고. 소방관의 근무체계, 급여, 일하는 환경 등등 소방관이라는 직업을 선택하는 외적 기준은 군이 말하지 않아도 인터넷 검색만 해봐도 당장 알 수도 있다. 하지만 그 속에서 일어나는 다른 모습은 쉽게 알 수 없다.

학창시절이라면 누구나 미래에 대한 막연한 불안을 느끼거나 아니면 자기가 가고자 하는 길에 대하여 어떠한 준비를 해야 하는지 막막할 것이다. 소방관을 준비하는 많은 사람이 이러한 기분을 느끼고 있을 거라 생각된다. 어쨌든 소방관이 되겠다는 결심을 굳혔다면 당연히 그에 따른 준비를 해야 한다. 소방관 시험에 대비하는 필기, 실기시험의 준비는 여러 경로를 통해 좋은 정보를 얻을 수 있다. 말하고자 하는 것은 스스로가 타인을 위해 희생할 마음의 준비가 되었냐는 것이다. 누군가를 위해 아무것도 바라지 않고 진심으로 봉사를 해본 적이 없다면 지금 바로 그런 곳을 찾아보길 바란다. 내가 사는 세상 어딘가에는 나보다 더 낮은 곳에서 어렵고 힘들게 사는 사람들이 있다. 그들의 힘든 현실을 우리는 알아야 한다.

나는 이 글을 읽는 독자들에게 소방관이 될 수 있는 대단한
정보를 많이 알려줄 수는 없지만 지금 그리고 앞으로 해야 하
는 일이 절대 쉽지 않은 일이라는 것만은 꼭 말해주고 싶다.
그래서 소방관이 되기 전에 자원봉사만큼은 꼭 해보라고 권
하고 싶다. 주변의 작은 봉사단체에 발걸음을 옮겨보길 바란
다. 하루도 좋고 이틀도 좋다. 아무도 찾아오지 않는 작은 방
에서 외로이 날을 보내는 노인의 목욕 봉사를 해보길 바란다.
사지가 뒤틀려 한 발짝 걸음도 내딛기 힘든 중증장애인의 재
활 봉사를 해보길 바란다. 여름철 해수욕장 피서객들의 안전
을 지키는 시민 수상구조대 자원봉사도 해보기 바란다.

어떤 형태의 봉사라도 좋다. 당신이 가진 튼튼한 신체가 누군
가에게 힘이 될 수도 있다는 위대한 경험을 해본다면 소방관
이 되기 위한 진지한 준비가 단단해지리라 믿는다.

나이 제한이
있나요?

서른한 살의 나이에 소방관이 되었다. 같이 임용된 동기 중에
는 나이가 많은 편에 속했다. 대부분 20대 중후반 나이의 동
기들이었다. 물론 나보다 나이가 많은 동기도 있었는데 한두
살 정도의 차이일 뿐이었다. 하지만 늦은 나이라 해서 시작이
다르진 않았다. 똑같이 소방서 막내로 시작했고 똑같이 힘든
소방학교 교육을 받았다. 나이는 중요하지 않다. 몸과 마음을
얼마나 잘 단련해 놓느냐의 문제다. 그런 준비는 자신의 의지
와 노력에 따라 달라진다. 하지만 채용 규정은 그렇지 않다.
소방이라는 직종의 직업적 특성을 고려하여 나이 제한을 두
고 소방관을 뽑는다.

소방관 채용시험은 3가지 분야로 나눈다. 초급 간부로 임용
되는 소방간부후보생 채용시험과 소방과 연관된 경력을 인정
받고 채용되는 경력경쟁 채용시험 그리고 마지막으로 누구나
응시가 가능한 공개경쟁 채용시험이다. 세 분야의 채용에 있
어 나이 제한이 조금씩 다르다. 그 기준은 다음과 같다.

먼저 소방간부후보생 채용시험은 21세 이상~40세 이하, 경
력경쟁 채용시험은 20세 이상~40세 이하, 공개경쟁 채용시

험은 18세 이상 40세 이하의 나이 제한이 있다. 단 경력경쟁 채용시험의 경우 분야에 따라 23세 이상으로 제한되는 분야도 있다. 다른 행정직 공무원 채용의 경우에는 나이 제한이 없는 것으로 알고 있는데 소방관은 하한 나이 제한은 다른 공무원 채용시험과 크게 다르지 않으나 상한 나이 제한은 40세로 제한하고 있다. 그 이유는 아무래도 채용 시점을 기준으로 현장에서 직접 몸을 써야 하는 일을 많이 할 수밖에 없는 소방관 업무특성 때문일 것이다. 물론 행정직이나 다른 기술적인 업무도 있으나 소방관 업무의 90%는 현장업무고 또 처음 채용되면 대부분이 현장업무로 소방관 생활을 시작해야 하니 나이 제한에 있어 상한선을 정해놓을 수밖에 없는 것으로 보인다. 다만 군 경력이 있으면 나이 제한을 연장해주는 제도가 있다. 예를 들어 군 복무 기간이 1년 이하이면 1세, 1년~2년은 2세, 2년 이상은 3세까지 연장할 수 있으니 군대에 다녀온 응시자라면 상한 제한선이 40세라고 하더라도 응시자격이 조금 더 늘어날 수도 있다는 것을 알고 시험에 대비하면 된다.

소방관이
통과하는 문

나는 총 네 번의 소방관 임용시험에 떨어졌고 다섯 번 만에 합격했다. 자랑삼으라 할 이야기는 아니지만, 소방관이 되고자 하는 독자들에게 내가 겪었던 실패의 이야기가 도움이 되지 않을까 생각한다. 소방공무원 시험을 준비하던 2006년과 2007년은 채용 제도가 지금과 조금 달랐다. 당시는 전국 각 광역단체, 그러니까 시·도마다 서로 다른 채용 제도가 있었다. 채용 시기, 인원, 지원자격 등이 조금씩 달랐다. 예를 들어 울산광역시 소방공무원 시험이 3월에 있고, 인원은 대략 50명 정도 선발하며 지원자격은 울산에 주소를 둔 만 20세 이상의 사람만 지원할 수 있었다면, 부산광역시의 시험은 4월에 치러지며 인원은 대략 100명쯤 되었고, 최근 1년간 부산, 울산, 경남에 주소가 등록되어 있어야 한다는 식이다. 물론 채용 시기가 겹치는 시·도도 있었고 아예 시험 자체가 없어 소방공무원을 선발하지 않는 시·도도 있었다. 이렇게 되니 매년 1월 정도가 되면 소방관 시험을 준비하는 수험생들은 올해는 과연 어떤 시·도에서 몇 명의 소방공무원을 채용한다는 공고가 나올지 궁금해했으며 그에 따른 필기 또는 실기시험의 준비도 달라져야 했다. 어느 시·도는 국어시험이 어렵다고 하고, 어느 시·도는 국사가 그렇게 어렵다고 하더라는 소식이 수험생들 사이에는 이미 소문이 나 있어, 각자의 시험 전략을 세우기 위해서는 어느 시·도에 시험을 치러야 하는지가 매우 중요했다.

지금은 이런 제도가 아니다. 일단 소방관 시험은 1년에 한 번이다. 중앙119구조본부 같은 조직에서 별도로 자체 시험을 비정기적으로 치르긴 하지만 거의 없는 일이다. 공식적으로 매년 상반기 한 번의 시험만이 치러지는 것으로 안다. 이때 시험을 치르기 전 자신이 근무하고 싶은 지역을 선택하게 되는데 그 지역에 얼마나 많은 수험생이 응시하는지가 경쟁률을 결정한다. 한 번의 시험으로 1년 동안 준비의 성패가 결정된다. 소중한 열매를 얻느냐 그러지 못하느냐의 순간이 딱 1년에 한 번 주어진다. 내가 수험생 시절이었던 때는 적어도 1년에 두 번 정도의 기회가 있었다. 자신이 거주하는 주소지와 상관없이 모집하는 시도가 있었기 때문이다. 어떤 제도가 더 힘들다거나 수월했다고는 말 못하겠지만 채용시험이라는 것이 그때나 지금이나 자신의 모든 것을 건 인생의 가장 중요한 일임은 분명하다.

소방관이 되겠다는 꿈을 가지고 노량진 공무원 학원에 처음 발을 들일 때 아연실색할 수밖에 없었는데 대한민국의 20대 청년은 마치 그곳에 다 모인 줄로 알았기 때문이다. 입시학원이라고는 평생 다녀본 적도 없는 경상북도 김천의 시골 촌놈이 수백 명이 동시에 들어가는 강의실에 빼곡히 들어앉은 사람들을 보니 이 짓?을 해야 하나라는 두려움마저 들기도 했다. 물론 그곳의 모든 사람이 다 소방공무원 수험생은 아니었다. 일반 행정직부터 경찰직까지 매우 다양한 직별의 공무원 수험생들이 한꺼번에 뒤엉켜있었다. 그때나 지금이나 공무원이 되려고 하는 사람은 매우 많았으며 이것은 곧 옆 사람보다 한 문제라도 더 맞혀야 하는 경쟁적 관계가 된다는 뜻이었다.

결국, 내가 되고자 하는 일을 하기 위해 높은 경쟁률을 이겨내야 했다. 채용인원은 정해져 있고 되고자 하는 사람은 이렇게 많다 보니 당연히 시험이라는 제도 아래 한 문제라도 더 맞히는 사람이 합격할 수밖에 없다. 최근 몇 년간의 통계를 보면 공무원 시험에 있어 응시생의 90% 이상은 탈락을 한다고 하니 경쟁률이 얼마나 치열한지 알 수 있다. 내가 네 번이나 필기시험에 떨어진 이유도 그렇다. 한 문제 차이로 떨어졌든 열 문제 차이로 떨어졌든 정해진 숫자 안에 들어가지 못한다면 그간의 공부는 아무 소용이 없게 된다. 그만큼 소방관이 되기 위해 들어가는 문은 좁았다.

이 땅의 청년들이 가지는 취업이라는 문제가 요즘처럼 어려울 때가 없는 듯하다. 공무원이라는 안정된 직업을 갖고자 하는 사람들도 쉽게 줄어들지 않는다. 소방관도 공무원 중 하나고 그렇게 매년 소방관이 되고자 하는 많은 사람이 시험을 준비한다. 비교하자면 다른 직별의 공무원 시험보다는 경쟁률이 조금 낮은 것 같기도 하지만, 이는 소방관 시험이 더 쉬워서 그런 것이 아니라 소방관이라는 직업의 특성상 응시생 수가 적은 이유인 듯하다. 위험을 동반하는 일의 특성도 그렇고 사무실에 앉아서 하는 일이 아니라 현장으로 뛰어다니는 일이니 또 그럴 것이다. 남성적이고 조금은 거친 조직 문화도 있어 자신의 성격이나 자질을 고려했을 때 아무래도 다른 직별의 공무원에 비해 접근이 쉽지 않을 듯도 하다. 반대로 보자면 소방관을 지원하는 수험생들은 그만큼 소방관이라는 직업이 자신과 맞겠다는 판단을 하고 지원하는 것이 아니겠냐는 생각도 든다. 나도 그랬다. 막연했던 수험생 시절을 가끔 생각해보면 살아온 삶과 내가 가진 모든 것들을 봤을 때 소방관 옷을 입고 있는 모습은 나의 상상 속에서 결코 어색하게 느껴지지 않았다.

생각해보면 경쟁률은 허상일지도 모른다. 누가 몇 명이 왔든 가고자 하는 길에 노력과 진심 어린 의지만 담겼다면 자신이 선택한 길에 있어 반드시 성공의 결과가 나타나리라 본다. 밝혔듯이 네 번의 도전 끝에 합격했지만, 그것은 내 인생에 있어 전혀 부끄럽지 않은 소중한 실패의 역사다. 오히려 너무나도 간절한 목표를 위해 내가 끝까지 포기하지 않았다는 자랑스러움으로 남아있다. 나에게는 도저히 지나갈 수 없을 것만 같았고 열리지도 않을 것만 같았던 소방관이 되는 문이 여러 실패를 딛고 끝내 활짝 열렸을 때를 지금도 잊지 못한다. 나같은 사람도 그런 문을 통과했으니 누구나 할 수 있다는 듣기 좋은 말은 하지 않겠다. 다만 좁은 문이라고 해서, 그 문 앞에 사람이 바글바글 많다고 해서 스스로 발길을 뒤로 돌리지 않기를 바란다. 그 문은 누구라도 들어갈 기회의 문이고 언젠가 통과해야 할 성공의 문이기 때문이다. 15년 전 내가 수험생이던 그때나 지금이나 소방관이 되는 문은 항상 크게 열려있다.

Q1
소방관이 되기 위해
얼마나 많은 시간이 걸리나요?

우여곡절 끝에 소방관 시험에 합격하고 끝나지 않을 것 같았던 공시생 생활을 마칠 때 밀려오는 묘하고 벅찬 감정을 지금도 기억한다. 합격의 기쁨을 격하게 누리다가도 고향 집 내방 작은 책상 위에 빼곡히 꽂혀 있는 공무원 수험서를 한 권씩 빼보았다. 그리고 길지도 짧지도 않았던 인내의 시간을 혼자서 회상했다. 다니던 회사를 호기롭게 그만두고 생전 들여다볼 것 같지 않았던 두꺼운 수험서를 서점에서 사 들고 집으로 들어와 걱정스러운 눈으로 바라보던 부모님께 큰소리치며 시작한 수험생활이었다. 6년의 직업군인 생활, 1년 반의 직장 생활 동안 모아둔 돈은 한 푼도 없었다. 지금의 아내이자 그 시절 여자친구가 끝을 알 수 없는 공시생 시작을 도왔다. 코딱지만 한 고시원 방을 얻을 돈을 내게 쥐여주며 용기를 주었던 지금의 아내가 미래를 불안해하는 내 속내를 알고 있지 않았을까 하는 생각이 이제야 든다. 그렇게 2006년 4월에 시작된 나의 수험생 생활은 2007년 12월에 끝났다.

수험생 생활은 길었다. 평균적으로 봐서도 그렇다. 어쩌면 지금의 수험생들에게 빗대어 볼 수는 없을 것이다. 동기 중 3개월 준비하고 합격한 동기도 있었지만 거의 1년에서 1년 반

정도의 기간을 수험생으로 보낸 것 같았다. 소방관 시험을 준비하는 시간을 정확히 수치화하긴 힘들다. 시험을 준비하는 각자의 사정이 있을 테고 나름의 방법이 있을 테니 말이다. 시험에 합격한 후 정식으로 임용되는 기간은 대략 산정이 가능하다. 어느 시·도에 채용이 되느냐에 약간씩 다르기도 하고, 소방학교에서 신규임용자 교육을 몇 개월을 받느냐에 따라 언제쯤 소방서로 첫 출근을 할지 조금씩 다르다. 현재 각 시·도 소방학교의 신임소방사 교육은 최소 15주에서 최대 24주까지 차이가 있다. 이것은 해당 시·도의 인사기준이나 채용되는 시점의 인원편성 등 행정적인 문제와 맞물리기 때문에 자신이 어느 기간 동안 교육을 받는지 당장 알 수가 없다. 또한, 시험에 합격한다고 바로 소방학교로 교육을 받으러 가는 것도 아니다. 교육에 참여할 수 있는 인원 역시 정해져 있기 때문이다. 소방학교는 교육생들을 수용할 수 있는 시설이나 교육환경 등을 고려해 적정 수준의 인원을 정해서 교육을 시작한다. 만약 교육 적정 인원이 100명인데 시험 합격자가 150명이라면 50명은 먼저 입교한 합격생들이 임용된 후 입교가 된다. 이러한 현상은 공무원 교육기관에서는 드물지 않게 볼 수 있다. 그래서 과거 선배들의 경우는 길게는 1년 넘도록 임용이 늦게 되기도 했다고 한다.

요즘 그렇지는 않지만 몇 개월 정도는 함께 합격한 사람들보다 임용이 늦을 수도 있다. 그렇다면 소방학교 입교 순서는 어떻게 정하는 것인가? 어렵게 준비해서 합격한 소방공무원 임용시험이었기에 하루라도 빨리 소방관으로서 일을 해보고 싶은 마음이 간절할 텐데 그것이 늦어진다면 누구라도 의아해할 것이다. 이것은 임용시험 성적순으로 결정되는 경우가 많다. 다른 이유도 있을 수 있겠지만 소방학교 입교 순서를 정하는 데 있어 가장 객관적인 지표는 합격생들의 시험 성적밖에 볼 것이 없다. 그렇다고 임용이 오래 걸리지 않는다. 혹여 내가 조금 늦게 입교하더라도 운동이나 독서, 여행 등 나만의 시간을 가지며 심신을 가다듬을 수 있어 오히려 좋은 시간이 될 수도 있다.

Q2
소방관의 채용 절차는
어떻게 되나요?

소방관 시험을 주관하는 부서는 소방청에 속해 있는 중앙소 방학교다. 중앙소방학교는 매년 새로운 소방관을 채용하기 위한 계획을 수립하고 공고하며 절차대로 소방관을 뽑는다. 소방관 채용은 세 가지로 구분된다.

첫째, 소방간부후보생 시험이다. 소방간부후보생은 소방관 초급 간부 즉 행정직 공무원 6급 정도에 해당하는 소방위 계급으로 임용되는 시험이다. 일반적으로 9급 상당의 소방사로 가장 많은 채용을 하는 데 비해 소방간부후보생은 채용인원 이 적을뿐더러 시험도 매우 어렵다. 채용 절차는 다음과 같다. 매년 1월에 채용 공고를 한다. 시행기관은 중앙소방학교이며 합격을 하고 교육을 수료하면 소방위 계급으로 임용된다. 선 발 인원은 해마다 다르긴 하지만 대략 서른 명 정도 수준이 다. 응시자격에 별도의 학력 제한은 없지만, 필기시험 과목을 선택하는 데는 인문계열과 사회계열로 나눈다. 계열별로 4개 의 필수과목과 2개의 선택과목의 필기시험을 치른다. 과목에 대한 자세한 사항은 중앙소방학교 홈페이지를 참고하길 바란 다. 시험은 필기, 체력, 신체 및 적성, 면접 시험순으로 진행된 다. 필기시험은 선발 인원의 총 배수를 선발하며 체력시험은

6개 종목을 평가하여 총점의 50% 이상 득점한 자만이 통과된다. 그 후 의학적인 신체검사와 적성검사를 보고 최종적으로 심층적인 면접시험을 통과해야 한다.

다음은 공개경쟁공채, 경력경쟁경채의 시험절차다. 두 시험은 절차가 비슷해서 함께 소개한다. 우선 공개경쟁 시험은 소방사 계급을, 경력경쟁 시험은 관련 분야에 따라 소방사부터 소방경까지 채용 범위가 다양하다. 일단 두 시험 모두 주관은 중앙소방학교에서 하지만 채용인원이나 분야는 각 시·도의 개별적인 요청에 따른다. 즉 전국의 광역단체에서 요구하는 공채나 경채의 인원이 다를 수 있다는 것이다. 공고 시점은 일정치 않으나 대략 매년 4월에서 5월 사이에 치러진다. 필기, 체력, 신체 및 적성, 면접 순으로 이어지는 시험 일정은 소방간부후보생 시험과 같다. 하지만 필기시험의 과목은 다르다. 공채는 5과목, 경채는 3과목이며 공채는 다시 필수와 선택과목으로 나누어진다2023년부터 시험과목 변경 예정. 경채의 필기 과목 수가 다소 적은 이유는 관련 분야에서의 근무경력이 향후 소방관이 되었을 때 필요한 업무라고 판단하여 그렇게 일한 기간만큼 필기시험 과목이 면제되었다고 볼 수 있다. 그 외 체력시험, 신체검사 및 적성검사 그리고 면접시험의 절차는 소방간부후보생 시험과 같다.

인터넷에 소방관 채용시험을 검색하면 많은 정보가 나온다. 편리하게 정보를 찾아볼 수는 있지만, 정보가 많은 만큼 오류가 있을 수도 있으니 될 수 있는 대로 중앙소방학교 홈페이지의 공고를 유심히 보고 시험을 준비하기 바란다.

Q3
채용에서 어떤 것을 가장
중요하게 보나요?

공무원 시험은 매우 객관적이다. 소방관 시험도 역시 공무원 채용시험이다. 응시할 수 있는 자격도 크게 제한적이지 않기에 시험에 응시할 기회는 거의 모든 사람에게 열려있다고 해도 과언이 아니다. 필기시험은 상대평가이기에 경쟁자들보다 한 문제라도 더 맞히면 된다. 누구에게나 동등한 조건이다. 체력시험은 소방관이나 경찰관 같은 특정직 공무원 시험에만 해당하는 분야인데 당연히 현장업무가 주를 이루는 일이기에 그렇다. 체력시험 합격 기준을 보면 총점의 50%만 획득하면 된다. 하지만 50% 하한선에 아슬아슬하게 합격하는 것보다 우수한 체력시험 성적으로 합격하는 것이 향후 면접시험을 보는 데 도움이 될 수도 있다. 면접시험 시 필기나 체력시험 성적은 면접관들에게 공개되는데 면접관들은 이러한 객관적인 지표에 대해서도 주목을 하기 때문이다. 따라서 필기나 체력시험은 될 수 있으면 우수한 성적으로 합격해 놓는 것이 향후 시험 일정에 있어 다소 유리하다고 본다. 신체검사는 지정 병원에 가서 하게 되는데 특별한 신체적 결격사유가 없다면 무난히 통과할 수 있다. 적성검사 역시 당락에는 크게 영향을 주지 않는 정도의 절차로 행해지는 수준인데 그래도 진지하게 임하여 혹시 모를 손해를 보지 않도록 해야 한다.

Q4
채용 면접은 어떻게 이뤄지고
어떠한 질문을 받았나요?

"당신은 왜 부산광역시의 소방관이 되려고 하는가?"

아직도 잊히지 않는 15년 전 나의 면접시험 첫 질문이다. 이 질문했던 선배님은 지금은 퇴직하셨다. 난 면접 당시 질문자가 같은 소방관인 줄도 몰랐고 면접이라는 것은 가벼운 통과의례쯤으로만 알고 있었다. 그만큼 면접에 대한 준비가 없었는데 그래도 정답이 정해지지 않은 질문이라 생각하고 나름내 생각을 거침없이 답을 해나갔다.

"해양도시 부산을 지키는 자랑스러운 구조대원이 되고 싶어서입니다."

지금 다시 기억해보니 참으로 멋없는 대답이었던 것 같다. 하지만 진심이었고 나름 저만한 대답이 어디 있겠냐는 생각에 큰 목소리로 대답한 기억이 난다. 하지만 다음 질문이 참 어려웠다.

"자넨 UDT라는 특수부대에서 6년을 직업군인으로 근무했다면 돈은 얼마나 모았는가?"

나의 아킬레스건을 물었다. 면접관이 나의 군 생활에 대해 미리 조사라도 한 듯했다. 전혀 예상하지 못한 뜻밖의 질문에 난 잠시 당황했지만 역시 진심으로 대답했다.

"돈을 모으려고 UDT에 가지 않았습니다. 그래서 전 단 한 푼도 모으지 못했습니다. 소중한 저의 군 생활 월급은 함께 목숨을 나누며 생활했던 전우들과 먹고 마시며 나눠 썼습니다."

면접관은 크게 웃었고 내 대답이 나쁘지 않았음을 느꼈다. 그 후 최종 합격을 하고 소방학교에서 교육을 받을 때, 그때 면접관이 소방시설 과목 강사로 우리를 가르치러 왔다. 난 쉬는 시간에 쭈뼛거리다가 다가가 인사를 했고 그때 이러저러한 면접을 본 아무개라고 소개하니 선배님은 당연히 나를 기억한다며 반갑게 인사를 했다. 그분 말을 들어보니 내 면접 대답 중 군 생활 시절 돈을 모으지 못했다는 대답에 말하는 표정과 목소리에서 진심을 느꼈으며 또 당당한 태도도 마음에 들었다고 한다.

면접이라는 것이 어떤 정형화된 틀이 있다고 보진 않는다. 그래서 따로 연습도 하지 않았고 그냥 마음 이끄는 대로 당당하게 말하자고만 하고 갔었다. 지금 와서 보니 그때 면접 태도가 좋았는지는 모르겠다. 하지만 강조하고 싶은 것은 예상 질문을 외우거나 질문자의 기분을 맞추려고 답하는 태도는 지양했으면 한다. 짧은 시간이지만 자기 생각, 느낌을 자신 있게 표현하는 것이 오히려 면접관을 더 감동하게 할 수 있다는 것을 알기 바란다.

15년 전 내가 채용될 때와는 다르게 지금의 면접시험은 형식
이 조금 달라졌다. 물론 소방관 채용 면접시험도 여느 직장에
서 행해지는 면접시험과 크게 다르지 않다. 면접관은 주로 각
시·도의 소방본부 또는 소방서의 중간 간부급 이상의 선배
소방관이 직접 면접을 본다. 가끔 각 시·도의 행정직 공무원
도 면접관으로 참여하기도 한다. 면접에 대한 질문은 천차만
별이다. 솔직히 말하자면 어떤 질문이 나올지 결코 예측할 수
없다. 하지만 면접의 형태에 따라 질문의 난도는 조금 차이가
있다. 면접은 개별 면접과 그룹 면접으로 두 번의 면접을 보
는데 개별 면접 때는 개인 신상, 즉 응시생의 주관적 생각이
나 인성 등을 주로 묻는다면 그룹 면접 때는 소방 조직에 대
한 이해, 화재나 구조, 구급 업무에 대한 전문 지식을 많이 물
어본다고 한다. 필기와 체력시험에 합격한 사람들끼리 면접
시험 공부 모임을 만들어 사전에 준비한다고도 하니 그런 모
임을 활용해보는 것도 나쁘지 않을 듯하다.

앞서 말했듯 면접시험 자체에 관해 부담을 갖지 않기를 바란
다. 면접관들은 수험생들을 떨어뜨리려 하는 사람들이 아니
다. 서두에 말했듯 공무원 시험은 매우 객관적이다. 면접이라
해도 정해진 틀과 기준이 있으니 돌발적인 질문이라 할지라
도 당황하지 말고 자기 생각을 간결하고 당당히 밝히는 태도
를 잃지 않는 것이 가장 중요하다고 하겠다.

140

Q5
면접 시, 복장은
어떻게 입어야 하나요?

무채색의 깔끔한 정장이 가장 좋은 면접 복장이 아닐까 한다. 소방 조직은 여전히 약간 보수적 성향이 남아있다. 너무 경직된 복장은 아니더라도 그렇다고 튀는 복장으로 면접장에 들어가는 것도 옳지 못하다. 특히 소방관 면접관들은 대부분이 현직 소방관 선배들이다. 과거 힘든 시기에 목숨을 걸고 불을 끄면서 사람을 구하며 조직을 지켜온 분들이다. 그렇기에 소방관 시험 면접이라는 것이 면접관과 수험생의 관계라기보다 처음으로 선배들과 대화를 나눈다는 자리에 참석한다고 생각하는 것이 더 좋다고 본다. 그래서 복장과 용모를 단정하게 하고 가는 것은 당연한 일이다. 참석하는 면접관들 역시 매우 단정한 복장으로 오듯이 말이다. 내가 입고 있는 옷은 나를 빛내는 일도 하지만 타인을 존중하는 마음이 내 비추어지는 역할도 한다.

머리 스타일은 염색이나 긴 머리는 좋지 않다. 남자나 여자 모두 단정하게 정리되기만 하면 된다. 너무 과도한 스타일링 즉 헤어 제품을 많이 바르지 않도록 하자. 제품의 향이 면접장에 풍겨 좋지 못한 인상을 줄 수 있다. 가벼운 향수 정도는 좋겠다. 남자라면 넥타이 색깔을 잘 고르는 것이 어떨까 한다.

해당 시도를 상징하는 색, 그러니까 부산이라면 파란색, 서울이라면 녹색 같은 계열을 은근히 담은 넥타이가 혹여 은연중에 면접관에게 호감을 줄지도 모른다. 구두는 면접 전날 광이 나도록 닦아 놓자. 담배는 면접 당일은 절대 피우지 말아야 한다. 면접관들도 비흡연자가 많아 담배 냄새에 민감할 수 있다.

Q6

신체검사가
중요한가요?

중요하지 않은 시험은 없다. 하나하나가 소방관이 되기 위한 필수 관문이다. 신체검사 자체만 보자면 시험이라기보다 말 그대로 검사다. 전문 의료기관에서 소방관으로서 필요한 신체를 갖추었는지 확인하고 혹시 모를 이상이 없는지 찾아내는 검사. 대체로 대한민국의 건강한 남녀 누구라면 큰 어려움 없이 통과할 수 있다. 하지만 몇 가지 무시 못 할 부분도 있다.

난 군시절 시력이 급격하게 나빠졌다. 1.5 이상이던 시력이 0.1로 떨어져 버린 것이다. 군 전역을 1년여쯤 남겨놓았을 때 사격훈련을 하는데 저 멀리 표적이 잘 보이지 않았다. 그날은 기동사격을 하는 날이었는데 표적을 가까운 곳에서 먼 곳으로 신속하게 뛰어가며 끊임없이 쏴대는 사격방법이었다. 쏜다는 표현보다 갈겨댄다는 표현이 맞겠다. 그런데 표적이 멀어질수록 점점 흐릿하게 보이다가 결국 가장 먼 지점에 도착하자 표적 자체가 거의 보이지 않을 지경이었다. 훈련이 끝나고 의무실에 갔다. 혹시 눈에 이물질이 낀 것은 아닌가 하는 생각이 들었다. 의무담당 부사관이 이물질은 없으며 혹시 모르니 안과에 가보라고 했다. 며칠 뒤 안과에 가서 시력을 확인해보니 왼쪽이 0.1, 오른쪽이 0.3으로 나왔다. 그냥 무덤덤하긴 했는데 의사의 권고로 안경을 하나 맞추었다. 그 후 전역을 하고 직장 생활하는 동안 내내 안경을 꼈다. 소방관 수험생활을 하면서도 마찬가지였다. 필기시험에 합격하고 기쁨을 누리던 어느 날 갑자기 신체검사 기준을 다시 들여봤다.

'두 눈의 맨눈 시력이 각각 0.3 이상이거나 교정시력이 각각 0.8 이상이어야 한다.'

순간 신체검사에서 떨어질 수도 있겠다는 생각이 들었다. 대책을 마련해야 했다. 교정시력이라면 안경을 끼고 검사하는 것이었는데 그마저도 불안했다. 그 당시 소방공무원 수험생들이 정보를 교류하던 인터넷 카페에 들어가 대책을 찾기 시작했다.

'드림렌즈.'

밤에 끼고 자면 아침에 시력이 좋아진다는 렌즈가 있다는 글을 봤다. 두말없이 대구의 큰 안과병원으로 가서 거금 80만 원을 주고 드림렌즈를 눈에 맞춰 구매했다. 그날 밤 바로 착용하고 잤더니 정말 신기하게도 다음날 시력이 1.0까지 나오는 것이었다. 2주 정도 뒤 있을 신체검사를 무사히 통과할 수 있을 거 같아 마음이 놓였다.

신체검사 당일 부산의 한 대형병원으로 향했다. 앞서 필기, 체력시험을 치르며 인사를 나눈 시험 동기들을 병원 앞에서 만

145

낳다. 그중 한 수험생이 불안한 표정으로 나에게 물었다.

"혹시 혈압은 괜찮으세요?"

뜬금없이 혈압이라니 난 궁금해하며 되물었다.

"저요? 네…. 뭐 확인해보진 않았지만, 혈압이 문제가 있어 병원에 가보진 않았어요. 왜요? 문제 있으세요?"

그 수험생은 자신이 고혈압 증세가 있어 혹시나 신체검사에서 문제가 생기진 않을까 불안해했다. 난 괜찮을 거라며 그 수험생을 안심시켰다. 나도 불과 얼마 전 시력 문제로 전전긍긍한 경험이 있어 그 수험생의 마음이 이해됐다. 잠시 후 응시번호 순대로 신체검사가 시작되었다. 기본적인 키, 몸무게 등을 확인하고 정밀 검사에 들어갔다. 괜히 가슴이 두근거렸다. 분명 어젯밤 드림렌즈를 끼고 잤으니 못해도 0.3은 넘게 나와야 했다. 시력검사를 담당하는 간호사 앞에 섰고 눈을 가리는 숟가락 같은 가리개를 오른쪽 눈에 갖다 대고 멀리 있는 검사표를 뚫어지라 쳐다봤다.

"3."
"가."

간호사가 가르치는 숫자와 글자를 읽었다. 차츰 아래로 내려가며 글씨가 작아졌고 읽으려는 글씨는 내 눈으로 식별할 수 없을 만큼 보이지 않았다.

"안 보입니다."

정말이지 이 말을 하기 싫었다. 대략 어디쯤에서 멈췄는지는 모르겠지만 더 보이지 않으니 사실대로 말할 수밖에 없었다.

"0.8입니다."

속으로 쾌재를 불렀다. 맨눈 시력 0.3 이상이니 무난히 통과 다. 곧 이은 반대쪽 시력은 1.0이었다. 드림렌즈의 효과를 톡 톡히 봤다. 그 렌즈를 맞추어 준 안과병원 의사 선생님께 감 사 인사라도 하러 갈 기세였다. 이후에 있는 다른 신체검사도 무사히 통과했다. 이제 면접만 남았다는 생각에 병원 밖 차가 운 겨울 공기가 상쾌하게만 느껴졌다. 그때 뒤에서 누군가의 목소리가 들렸다.

"다 통과했어요?"

아까 혈압을 걱정하던 수험생이었다. 나에게 묻는 그 수험생 의 표정을 보니 웃음기가 보였다. 난 무사히 통과했다고 말 했다.

"와~ 혈압이 높게 나오길래 그만 떨어진 줄 알고 낙심하고 있는데 간호사가 긴장해서 그런 거 같다며 조금 쉬었다가 다 시 한번 확인하자고 하더라고요. 그래서 잠시 후 다시 했는데 두 번째는 겨우 정상으로 나와서 통과했어요. 얼마나 마음 졸 였는지 모릅니다!"

그렇게 말하며 크게 웃는 그 수험생을 보니 내가 다 기분이 좋아졌다. 그렇다. 신체검사라고 하는 어쩌면 크게 문제 되지 않을 듯한 채용과정도 인생이 걸린 중요한 절차라고 생각하니 순간순간이 가슴 두근거리는 의식처럼 느껴진 것이다. 소방관이 되고 난 후 라섹 수술로 시력을 1.5 이상으로 회복했다. 그리고 그때 혈압으로 걱정하던 그 수험생은 부산의 한 소방서에서 훌륭하고 멋진 소방관으로 잘 근무하고 있다. 무엇하나 쉽지 않은 채용과정이다. 혹시 자신의 신체 중 채용기준에 미치지 못하는 부분이 있다면 시간을 내어서 반드시 교정하길 바란다. 힘든 과정을 모두 이겨냈는데 신체적 결함으로 합격을 하지 못한다면 그 아쉬움은 다른 채용 절차보다 더 크게 느껴질 것이다.

Q7
채용 경쟁률이
높은가요?

소방공무원 시험의 경쟁률은 응시 분야에 있어 자신이 어떤 분야에 응시하는가 또 어느 시·도에 지원하는가에 따라 다르게 나타난다. 특히 자신이 지원하는 시·도에 따라 경쟁률이 가장 큰 차이를 보인다. 그렇게 될 수밖에 없는 이유는 시·도마다 채용인원의 차이가 크기 때문이다. 2021년 기준으로 서울과 울산의 경쟁률을 보자면 서울이 7.35:1, 울산이 23.65:1의 경쟁률을 보인다. 이 수치는 2021년 공채 경쟁률이 가장 큰 지역과 작은 지역을 비교한 것인데 이런 이유는 서울은 채용인원이 261명이었고 울산은 20명이었기 때문에 그렇다. 채용인원이 많으니 경쟁률도 낮아지는 것이다.

경채의 경우도 비슷하다. 역시 2021년 전국 경채 구조 분야 경쟁률 중 가장 높은 제주는 8.33:1, 가장 낮은 울산은 3.36:1 이다. 제주는 3명을 모집했고 울산은 25명을 모집했다. 공채보다 경쟁률이 낮은 이유는 관련된 경력이 있는 사람만 응시할 수 있기 때문이다. 제한된 자격이 준비되어야 하므로 응시생 자체도 공채에 비해 적고 채용인원도 공채보다 매우 작다. 구급이나 관련 학과와 같은 경채 분야도 비슷한 수준을 보인다. 전국평균 경쟁률을 보자면 다음과 같다. 2021년 채용 기

준으로 공채는 12.64:1 이다. 경채의 경우 구조 분야는 5.76:1
이며 구급 분야 남자는 6.32:1, 여자는 17.44:1 이다. 관련 학
과는 남자 28.09:1, 여자 20.94:1 이다. 소방간부후보생의 경쟁
률은 이보다 더 높다. 2021년 소방간부후보생의 전국평균 경
쟁률은 44.41:1 이었다.

다른 공무원 직별과도 한번 비교해보자. 역시 2021년 기준
9급 행정직 공무원 채용시험의 경쟁률은 평균 35:1 이다. 소방
과 같은 특정직 공무원인 경찰직은 전국평균 경쟁률은 16:1
정도이다. 소방과 비슷하게 시·도마다 채용인원이 다르고
또한 상, 하반기 두 번의 시험이 있다. 이렇게 보자면 모든 공
무원 시험이 수치상으로 결코 만만한 경쟁률이 아님을 알 수
있다. 지금 시대만 가지는 특징도 아닐 듯한 것이 내가 시험
을 봤던 2007년 부산지역 구조 분야 경쟁률도 당시 13:1의
높은 경쟁률을 보였다.

하지만 경쟁률이라는 숫자가 주는 위압감에 절대 주눅 들지
말자. 결국, 조금이라도 더 노력한 자, 조금이라도 더 간절한
사람이 합격이라는 영광을 안게 된다. 저렇게 많은 사람 사이
에서 내가 어떻게 살아남겠느냐는 마음 약한 생각은 하지도
말아야 한다. 경쟁할 사람은 몇 대 몇의 타인이 아니라 지금
시험 준비를 해야 하는 바로 나 자신이다. 경쟁률이라는 수치
에 주눅 들어 공부할지 말지를 고민한다면 그냥 당장 포기하
고 다른 길을 찾길 바란다. 소방관이 되고자 하는 의지는 훗
날 값진 직업 속에 살아가는 자신이 얼마나 준비된 지를 보여
주는 것이지 채용시험 자체가 소방관이 되고자 하는 자신의

의지를 결정지을 수 없는 일이다. 모든 일은 마음먹기 나름이다. 난 경쟁률 때문에 이러쿵저러쿵하는 소리는 아예 귀에 담지도 않았다. 단순하고 무던히 갈 길 가다 보면 끝에 결국 이기는 것은 나 자신이다.

3 소방관이 겪는 현장

"아이고! 그렇다고 진짜 죽어버리면 어떡해!!"

이른 아침이었지만 내리쬐는 햇살은 뜨거웠다. 초여름 강물에 햇빛이 반사되어 잔잔한 물결이 마치 거울 같았다. 한 여인의 찢어지는 울음소리가 흐르는 강 위로 한없이 번져 나갔다. 우리는 구조 보트에서 선착장 위로 죽은 남자의 몸을 옮겼다. 그렇게 옮겨진 남자의 몸을 부둥켜안은 중년의 여인은 죽은 이의 가슴에 얼굴을 파묻고 울고 또 울었다. 한여름 햇볕에 데워진 강물은 인간의 육신을 빨리 부패시켰고, 남자의 피부는 흘러내리며 악취가 났다. 하지만 여인은 남자에게서 떨어지지 않았다. 여인과 동행한 경찰이 겨우 죽은 자와 산 자를 떨어뜨렸다.

"3일 전 새벽에 심하게 부부싸움을 했나 봐요. 남편이 나가서 확 죽어버린다고 하니 아내가 어디 한번 해보라고 했다네요. 그런데 남편이 정말 강물에 뛰어들지 생각이나 했겠어요."

실종 신고를 받고 우리와 함께 3일 동안 수색을 했던 담당 형사의 말이다. 그 말을 들은 나와 내 동료들은 길게 탄식했다.

개똥밭에 굴러도 이승이라고 했는데 그깟 부부싸움이 뭐라고 자신의 몸을 열 길 물속으로 던진다는 말인가. 현장을 수습하고 사무실로 돌아오며 그동안 무수히 봐온 죽은 자의 모습이 하나씩 떠올랐다. 가스에 중독되어 잠을 자듯 죽은 젊은 여성, 불에 타 형체를 알아볼 수 없었던 할머니, 공장 기계에 온몸이 갈기갈기 찢겨져 죽은 아저씨, 찌그러진 차 안에 더 찌그러져 죽어있는 일가족, 물에 불어 몸이 퉁퉁 부은 채 죽어 있었던 어린 중학생…. 과연 세상 사람들은 살아가며 죽은 자의 모습을 얼마나 볼 것인가? 이 직업은 삶과 죽음의 극명한 경계에 있었다. 난 집이나 병원에 누워 숨을 거두는 사람보다 제명을 다하지 못한 채 죽은 사람들을 더 많이 봐왔다. 아니면 살았다 한들 심하게 다쳐 고통스러워하는 나와 같은 '사람'의 모습도 무수히 봐온 것이다. 그런 곳이 소방관의 현장이고 소방관의 일터이며 소방관의 삶이다.

아내와 싸우고 죽은 남자의 이야기를 듣고 모든 죽음에는 그만의 사연과 산 자는 알지 못하는 죽은 자만의 목소리가 있는 듯했다. 하지만 살아있는 우리는 알지 못한다. 소방관이 처음되고 나서 나는 그것이 궁금했다. 왜 저렇게 많이 다치고 죽을까? 왜 스스로 목숨을 끊을까? 궁금증에 답을 구하기는 어려웠다. 하지만 시간이 흐르며 내 일에 적응되어 갈수록 궁금증이 더는 일어나지 않았다. 기계적으로 일을 해나갔다. 현장에서의 경험이 쌓여갈수록 더 안전하고 더 신속하며 더 명쾌하게 일을 할 힘이 내게 생겼다. 또 누군가를 살리고 구하기 위해 들어가는 위험 속에서 아이러니하게도 내가 먼저 살아야 했고 나의 동료의 안전이 우선되었다. 죽어가는 사람의 모습을 보며 그토록 궁금해했던 죽음에 대한 궁금증보다 어떻게 하면 나와 내 동료가 더 안전하게 구조 대상자를 살릴 것인가에 집중했다. 이것은 인간애가 사라지거나 타인을 구하고자 하는 마음이 희석돼서 그런 게 아니다. 살고 죽는 찰나의 순간에 가질 마음은 다치고 죽어가는 자에 대한 동정심이나 안타까움이 아니라 얼음같이 냉정한 판단력과 기계처럼 완벽한 행동력이었기 때문이었다. 결국 '죽어가는 사람이 너무 불쌍해' 같은 마음은 모든 현장 활동이 끝나고서야 밀려온다. 사람이 가지는 인지상정은 현장에서 굳이 꺼내어 보이지 못한다. 그만큼 소방관의 현장은 철저한 현실 세계였다.

다 그런 현장인 것만은 아니다. 작은 양동이에 들어가 놀던 세 살배기 아이가 그만 몸이 그 안에 끼어 신고를 받고 출동했을 땐 아이가 놀랄까 봐 웃어주고 놀아주며 양동이에서 아이를 꺼냈다. 시트콤에서나 볼만한 일이었다. 아이의 엄마는 우리에게 고맙다며 인사를 건넸고 영문도 모른 채 맑은 눈을 끔벅이던 사내아이는 그저 119 아저씨가 타고 온 소방차만 신기하게 봤다. 또 다른 곳에서는 반지와 씨름했다. 늘씬하고 곱디고운 젊은 여성이 제 발로 우리 사무실로 들어와 손가락의 반지가 안 빠진다며 울먹였다. 딱 봐도 출중한 미모의 아가씨였다. 여기저기 흩어져 쉬고 있던 동료들은 어느 때보다도 신속하게 아가씨의 손에 낀 반지를 빼주었다. 반지는 빠지고 인사를 나누는 동안 뭐라도 한마디 더 걸어보려는 젊은 구조대원들의 모습은 여느 남정네들의 모습과 다를 게 없었다. 이렇듯 우리의 현장은 사람 살아가는 모든 곳이다. 지금 이 세상을 살아가는 우리의 이웃이 사는 곳이 소방관의 현장이고 소방관의 일터다.

현장은 소방관의 가슴을 때론 슬프게 때론 즐겁게 한다. 우리가 하는 일이 혹여나 누군가의 삶에 도움이 된다면 그것으로 충분하다. 그 안의 사연은 알지 못하지만 그래도 우리는 살려야 하고 살아야 한다. 소방관의 현장 속에 있는 즐거움이나 고통 모두 소방관의 일이다. 바라는 것이 있다면 세상 사람 누구라도 살면서 소방관을 만나는 일이 없었으면 한다. 어떠한 문제가 있든 우리가 해결해야 할 일 자체만 보자면 작게는 생활의 불편함일 것이고 크게는 목숨이 경각에 달린 일일 것이다. 크든 작든 그저 자신의 삶이 안전하고 보호받기를 바랄 뿐이다.

세상은 더 편리해지고 화려해진다. 그렇지만 인간의 삶은 보이는 세상과 다르다. 그게 같다면 우리의 일이 조금 줄어들어야 할 텐데 여전히 소방관이 달려가는 현장은 많다. 사람은 존재부터가 나약하기에 닥치는 위험을 미리 막는 것이 가장 좋다. 소방관들이 바라는 것이 그런 것이다. 사고를 예방하고 안전을 지키는 것. 소방관의 현장이 줄어들어야 하는 것. 혹여 더 달려갈 현장이 없어 이 일을 그만두는 날이 온다면 기뻐 날뛰어 춤추며 기꺼이 주황색 옷을 벗어 던지겠다. 하지만 그런 기대가 허황함을 잘 안다. 15년을 현장에서 일했다. 한 번도 같은 현장은 없었으며 매 순간 심장은 미친 듯이 뛰었다. 그런 현장을 나는 사랑한다. 내가 있어야 할 곳이 바로 그곳이다.

Q1
소방관이 되면
가장 먼저 무슨 일을 하나요?

어릴 적 중국 무술영화를 좋아했다. 설날이나 추석 아니면 어린이날 특선영화라는 편성으로 나왔던 TV 속의 무술영화는 어린 시골 소년의 마음을 늘 설레게 했다. 흥미로운 것은 대게의 무술영화 줄거리가 비슷했다. 선한 무술가와 악한 무술가가 있고 둘의 대결로 선한 무술가는 죽음을 맞는다. 그 모습을 본 선한 무술가의 어린 아들은 악한 무술가에게 복수의 마음을 품고 당대의 무술 고수를 찾아가 수련을 요청한다. 부모를 죽인 자에게 복수하기 위해 비급의 무술을 배우기 위한 단단한 각오와 함께 말이다. 그런데 무술 고수는 주인공에게 가르치는 것이 없다. 고작 청소하거나 물을 길어오는 일을 시킨다. 하루도 아니고 몇 년을 그렇게 보낸다. 그 모습을 본 어린 난 안타까웠다. 하루빨리 궁극의 무술을 익혀 나쁜 놈을 쳐부숴야 하는데 주인공에게 허드렛일이나 시키는 무술 고수가 얄밉다. 청소나 하고 땔감을 지어 나르는 일이 무술과 무슨 상관이기에 주인공에게 그런 일만 시키는지 당최 이해가 되지 않았다. 그렇게 수년이 흐르고 건장한 청년이 된 주인공은 드디어 무술 고수에게 정식으로 무술을 배우기 시작한다. 그 뒤의 이야기는 다들 아는 바다.

소방서에 처음 들어와서 하는 일이 딱 뭐라고 말하기 힘들다. 현장 출동은 당연하거니와 매우 광범위한 업무가 새내기 소방관을 기다리고 있다고만 말하고 싶다. 굳이 앞서 무술영화의 예를 든 이유도 그렇다. 당장 새내기 소방관이 할 일은 사무실을 청소하고 장비 창고를 정리하며 소방차를 세차하는 일이다. 야간근무가 끝난 아침 일찍 쓰레기를 종량제 봉투에 담아 버리고 분리수거도 해야 한다. 그래서 굳이 다시 묻는다면 이렇게 말하겠다. 소방서 청소부터 하는 일이 소방관이 되어 가장 먼저 하는 일이라고. 실망했는가? 굉음의 사이렌을 울리고 달리는 소방차에서 무거운 장비를 착용하고 멋있게 현장에서 내려 활활 타오르는 불길 속으로 뛰어들어가는 소방관의 모습을 상상했다면 실망할 법도 하다. 영화 속의 소방관 모습이 전부라고 생각했다면 또한 실망했을 것이다. 하지만 소방관이 일하는 곳도 사람이 사는 곳이고 하루도 빠짐없이 돌아가며 많은 일이 겹쳐지는 대한민국 공공기관 중에 하나다.

소방서 화재진압팀이든 구조대든 구급대든 자기가 속한 팀에는 담당 업무에 따라 일과가 다르다. 막내 대원이라면 서무라는 업무를 담당한다. 하루에도 수십 개씩 쏟아지는 공문서를 접수하고 내용을 파악한 후 상급자에게 보고한다. 그에 따른 문서의 결과를 다시 보고하는 등 각종 행정업무를 도맡아 한다. 거기에 청소도 해야 하고 커피나 식음료를 떨어지지 않게 장도 봐야 한다. 소방장비를 정비하고 정리하는 일도 막내의 몫이다. 이쯤 되니 안 하는 일이 없다. 중국 무술영화의 주인공만큼은 아니지만, 가히 하루가 어떻게 돌아가는지 모를 만큼 바쁘다는 정도만 미리 일러둔다.

하지만 못할 일도 아니다. 지금처럼 인터넷도 휴대전화도 없는 시절에 막내 소방관은 더한 일도 했다고 한다. 내가 막내였던 15년 전이나 나이가 지긋한 선배들도 모두 했던 일이다. 나도 했으니 너도 해야 한다는 것이 아니다. 소방관으로서 단련되어 가는 과정이라 생각하길 바란다. 그렇다면 '출동은?' 하고 궁금할 수 있다. 소방관 본연의 임무인 출동은 당연지사 하는 일이다. 현장에서 막내의 임무도 고되긴 매한가지다. 선배들의 지시에 정신이 없다.

"○○야! 호스 좀 더 풀어!"
"○○야! 65mm 관창 하나 빨리 가지고 와!"
"야 이놈아! 정신 똑바로 안 차려?!"

위험천만한 현장에서 막내의 손과 발은 얼마나 빨리 불을 끄고 사람을 구하는지에 대한 척도가 된다. 그래서 자부심을 느끼고 힘들어도 인내해야 한다. 괜한 소리가 아니다. 야무지게 배우고 익힌 새내기 시절의 시간은 수년이 지난 후 나와 나의 동료 그리고 내가 살려야 할 사람들을 위해 쓰이는 소중한 경험이 된다. 마치 무술 고수가 되기 위해 혹독하게 보낸 몇 년의 시절처럼 말이다.

Q2
소방관의 직급 체계는
어떻게 되나요?

소방관은 경찰, 군인, 교도관 등과 같이 계급을 가진 공무원이다. 또 제복을 입고 일을 하는 제복 공무원이기도 하다. 그럴 수밖에 없는 이유는 위험한 사고 현장에서 지휘체계의 명확함과 신속함이 있어야 하기 때문이다. 계급이라는 체계에 속한 사람들은 상관의 지시에 따르고 또 자신의 계급에 해당하는 정확한 업무를 수행하기 위해서는 계급이 주는 엄중함을 항상 느낀다. 물론 계급이 높다 해서 후배에게 부당한 지시를 해서는 안 된다. 또한, 계급체계를 무시하고 선배의 지시에 근거 없이 불복종하는 일도 있어서 안 되는 일이다.

현재 소방관의 계급체계는 다음과 같다.

소방총감 – 소방정감 – 소방감 – 소방준감 – 소방정 – 소방령 – 소방경 – 소방위 – 소방장 – 소방교 – 소방사

소방에 대해 잘 모르는 분들이 보면 생소한 계급체계로 보일 것이다. 그래서 위의 계급체계에 따라 직무 즉, 하는 일에 관해 설명해 보고자 한다. 우선 소방총감은 전국의 소방관 중에 최고의 계급이다. 차관급의 행정직급이며 소방청장의 직무를

수행한다. 그 아래 계급인 소방정감은 소방청 차장과 광역단체 중 가장 큰 서울특별시와 부산광역시 그리고 경기도의 소방 조직을 총괄하는 본부장의 직무를 맡는다. 소방감은 그다음 계급으로서 소방청의 주요 직책과 더불어 경북소방본부장, 경남소방본부장, 인천소방본부장, 충남소방본부장, 강원소방본부장, 전남소방본부장, 중앙소방학교장, 중앙119구조본부장의 직무를 수행하는 계급에 해당한다.

다음은 소방준감이다. 소방준감은 경기북부소방재난본부장, 강원소방본부장, 전북소방본부장, 충북소방본부장, 대전소방본부장, 대구소방안전본부장, 광주소방안전본부장, 울산소방본부장, 서울소방학교장, 경기소방학교장, 세종소방본부장, 제주소방안전본부장, 창원소방본부장의 직무를 수행한다. 그 아래 소방정은 소방계급의 꽃이라 할 수 있는 소방서장의 직무를 수행한다. 우리가 흔히 말하는 소방서에서 가장 높은 책임자가 된다. 소방령은 소방서장을 보좌하는 소방서의 과장급의 계급이다. 소방경은 과장을 보좌하는 업무를 담당하거나 119안전센터의 센터장이나 구조대장을 하기도 한다. 소방위는 화재진압팀 또는 구조대의 팀장급 계급이다. 팀에는 4명에서 10명 정도의 인원이 있으며 시·도마다 차이가 있다.

그 아래 소방장, 소방교, 소방사는 팀을 구성하는 대원들의 계급이다. 현장에서 가장 많은 일을 하며 핵심적인 현장 활동을 한다. 전체 소방계급 중 가장 많은 인원을 차지하며 젊은 층이 많은 계급이기도 하다. 소방서장 이하의 계급이 맡는 일은 더 다양하며 시·도마다 다르다. 계급을 형성하기는 하지만 상호 존중하고 배려하는 조직 분위기가 있으니 계급체계에 너무 강직될 필요는 없다. 소방은 형제와 같이 가족과 같이 지내는 분위기가 강하다. 현장에서 서로의 목숨을 지켜주는 소중한 존재다. 이것은 다른 조직에서 어려운 귀한 관계임이 분명하다.

긴급한 현장에
대처하는 매뉴얼이 있나요?

소방관은 정말 다양한 사고 현장에 투입된다. 크고 작은 사고
는 매일 우리가 사는 사회 어디에서나 발생한다. 그러기에 소
방관들이 맞닥뜨리는 수많은 현장은 유형이 비슷할 수는 있
겠지만 같은 사고가 없다. 그런 사고 현장에 투입되는 소방관
들은 현장에 대처하는 능력이 탁월해야 함은 물론이고 어떠
한 현장이라도 물러섬 없이 침착하고 안전하게 현장 활동을
해야 한다. 팀을 이루어 활동하는 소방관들은 경험이 많은 팀
장을 필두로 기술과 체력을 겸비한 후배 대원들로 구성된다.
이들은 평소에도 현장 활동에 대비한 훈련을 매일같이 반복
한다. 같은 현장, 같은 출동이 없기에 최대한 비슷한 상황을
가정해서 훈련한다. 이런 훈련을 막무가내로 진행하진 않는
다. 앞서 말했듯 적어도 사고의 유형별로 구분은 가능하기에
최대한 비슷한 사고 유형별로 매뉴얼을 만들어 놓았다.

화재의 경우 고층건물이나 차량, 선박 등 사고 현장의 환경에
따라 구분하기도 하고 유류, 목재, 화학물질 등 연소물의 성질
에 따라서도 구분해놓은 매뉴얼이 있다. 구조 역시 마찬가지
다. 교통사고, 산악사고, 수난사고 등 현장의 상황에 따라 구
조대원이 어떻게 대처해야 하는지를 최대한 상세하고 정확하

게 마련해놓은 매뉴얼이 있다. 구급 또한 환자의 증상, 과거 병력 등 처치해야 할 유형에 따른 구급 대원의 행동방법을 마련해놓았다. 특히 응급환자에게 처치해야 하는 가장 기본적인 심폐소생술의 경우 '미국 심장학회'와 같은 권위 있는 단체의 매뉴얼을 주기적으로 수집하여 업데이트한다.

이러한 매뉴얼을 SOP Standard Operating Procedure 라고도 한다. 어떤 상황이 발생하였을 때 소방관이 수행해야 할 행동 절차를 정하여 놓은 매뉴얼이라고 할 수 있다. 소방관들은 이러한 SOP를 기준으로 현장 활동을 한다. 하지만 SOP가 현장 활동에 있어 절대적인 기준이 되진 않는다. 앞서 말했듯 워낙 다양하고 복잡한 현장이기 때문에 정형화된 SOP가 현장에서 무조건적이 답이 될 수는 없기 때문이다. 다만 최소한의 활동 기준을 마련함으로써 사고에 대한 예측이나 현장 활동에 있어 기본적인 안전을 담보해 줄 수는 있다.

소방 구급차와 사설 구급차에 차이점이 있나요?

얼마 전 언론 보도가 많은 사람의 공분을 산 적이 있다. 내용은 다음과 같다. 평소 지병이 있는 할머니가 갑자기 병세가 악화하여 구급차를 타고 병원으로 가고 있는데 구급차가 운행 중에 다른 차량과 실랑이를 하게 된다. 택시 기사가 마음 급한 구급차를 가로막은 것이다. 그러면서 이러저러한 시비와 함께 구급차의 운행을 방해한다. 구급차로 이송되던 할머니의 가족들은 환자의 상태를 설명하며 빨리 병원으로 가야 함을 호소했지만 택시 기사는 막무가내로 비켜 주지 않는다. 그렇게 시간이 흐르고 겨우 도착한 병원에서 할머니는 얼마 후 사망한다. 이 사고로 구급차를 가로막은 택시 기사의 행동이 언론에 보도되고 택시 기사는 구속되어 재판을 받게 된다.

위 사례에 등장하는 구급차는 사설 구급차다. 우선 소방 구급차와 사설 구급차를 구분해야 하는데 쉽게 말하자면 소방 구급차는 소방관이 운영하는 구급차이고 사설 구급차는 병원 또는 응급환자 이송 사업을 하는 민간 업체에서 운영하는 구급차다. 흔히 사람들이 생각하는 구급차는 거의 119구급차 즉, 소방 구급차로 생각할 수도 있다. 하지만 응급환자 이송은 소방서와 같은 공공기관뿐 아니라 민간 업체에서도 할 수 있는 영역이다. 알아두어야 할 것은 소방이든 민간이든 응급환자를 이송하기 위해서는 응급구조사 자격을 갖춘 사람이 반드시 구급차에 함께 타야 한다. 당연히 두 구급차 모두 이러한 규정을 지키고 있다. 그렇다면 소방 구급차와 사설 구급차의 차이점은 무엇일까?

가장 큰 차이점은 비용이다. 소방 구급차는 비용을 받지 않는다. 사설 구급차는 당연히 비용이 환자에게 청구된다. 어쩌면 당연한 일이다. 소방 구급차는 나라에서 운영하는 공공재의 성격이고 사설 구급차는 이윤을 남기기 위한 보건 사업이기 때문이다. 그래서 소방 구급차의 경우 환자 이송에 있어 약간의 제한이 있다. 그 이유는 비용이 청구되지 않아서 무분별하게 이송 요청을 받을 수 있기 때문이다. 소방 구급차는 환자를 현장에서 의료기관으로만 이송한다. 즉 환자가 어떠한 사유로 의료기관으로 가야 한다면 신고한 장소가 '현장'이어야만 한다. 현장에서 의료기관으로의 이송만이 주목적이다. 가령 동네의 작은 병원에서 진료를 받은 사람이 119에 신고해서 더 큰 병원으로 이송을 부탁한다면 거절당할 수도 있다. 단 환자의 담당 의사의 긴급한 요청이 있다면 의료기관에서 의료기관으로의 이송은 때에 따라 가능하다. 하지만 드문 일이다. 의료기관은 자체 구급차를 대게 보유하고 있기 때문이다.

사설 구급차는 다양한 이송을 한다. 현장에서 의료기관으로의 이송은 물론이고 병원에서 병원으로의 이송도 가능하다. 가족이 사망하여 장례식장으로 망자를 이송하기도 한다. 콘서트나 스포츠 게임 같은 대형 행사에 의료 지원을 해준다. 또한, 소방 구급차와 사설 구급차는 외관에서도 차이가 난다. 소방 구급차는 119 마크가 크고 선명하게 있으며 노란색을 기본으로 한 고유의 디자인으로 전국 어디서나 통일된 외관을 보인다. 하지만 사설 구급차는 병원이나 이송업체에 따라 외관이 다르다. 사설 구급차는 갈수록 늘어나는 응급환자 이송에 있어 소방과 같이 공공기관의 힘으로 모두를 아우를 수 없는 영역까지 도와주는 고마운 존재다. 하지만 가끔 영리에만 목적을 두고 환자를 가려서 이송하는 양심 없는 이송업체도 있지만, 극히 드물다. 거의 모든 업체가 환자를 안전하고 신속하게 이송하기 위해 어려운 환경에서도 노력하고 있다. 이렇듯 같은 듯 다른 구급차를 용도에 맞게 요청해야 한다. 중요한 것은 소방이든 사설이든 위급한 환자를 이송하는 소중한 일을 하는 사람들이 타고 있다는 것이다. 혹여 운전하다가 사이렌을 울리고 급하게 달려가는 구급차를 본다면 양보를 해주는 아름다운 미덕을 보여주길 바란다.

Q5
출동하기 전에
어떤 준비를 하나요?

출동 벨 소리는 소방관들에게 큰 긴장감을 준다. 출동 벨 소리는 언제 울릴지 알 수가 없다. 사고는 예견되지 않기 때문에 소방관들은 365일 24시간 출동 대비를 한다. 먼저 하루의 시작은 장비 점검으로 시작한다. 오전 9시까지 출근하여 야간근무 팀과 교대 후 소방차와 화재진압장비, 구조장비, 구급장비 등을 꼼꼼하게 확인하고 정비한다. 소방장비는 현장에서 시민들의 구하기도 하지만 소방관 자신을 지켜주는 장비이기도 하다. 그렇기에 매일 교대 후 장비 점검은 출동을 준비하는 가장 성스럽고 중요한 행위다.

일상 업무를 하던 중에 출동 벨이 울리면 소방관은 본능적으로 차고에 있는 소방차로 뛰어간다. 이때 출동지령은 두 가지로 내려진다. 하나는 출동 벨 소리다. 웅장한 음악과 함께 내려지는 출동 벨 소리 뒤이어 바로 상황실 요원의 목소리가 나온다.

"○○구조대! ○○고속도로 교통사고 출동! 교통사고 출동!"

이때의 상황실 요원의 출동지령은 매우 간략하다. 사고유형과 사고장소만 최소한으로 전달한다. 그리고 지령서가 자동으로 프린터 되어 나온다. 소방관 중 누구라도 지령서를 가지고 소방차를 탄다. 지령서에는 사고장소, 사고유형, 신고자의 연락처 등 상세한 출동 사항이 기록되어 있다. 차고에 있는 소방차에 오르면 닫혀 있던 차고 문이 자동으로 열리고 동시에 커다란 소방차는 굉음의 엔진 소리와 사이렌을 울리며 차고를 빠져나온다. 이 모든 과정이 불과 1~2분에 이루어진다. 혹시 소방서 2층 같은 곳에서 봉을 타고 내려오는 소방관의 모습을 영화나 드라마에서 봤을 것이다. 하지만 현재 우리나라에는 이런 봉이 거의 없는 것으로 알고 있다. 소방서 내의 이동 경로가 단순하게 되어 있어 건물 내부의 복도나 계단을 따라가도 소방차까지 신속하게 이동할 수 있기 때문이다.

소방차는 사고 현장으로 무섭게 질주한다. 그렇다고 위험하게 운행하지 않는다. 커다란 소방차를 능수능란하게 운전하는 기관원 소방관들은 누구보다도 안전하게 현장으로 달린다. 달리는 소방차 안에서 소방관들은 무전을 듣는다. 무전으로 현장 상황을 비교적 상세하게 전달받는다. 따라서 현장 상황에 적합한 복장이나 장비를 착용한다. 방화복을 입거나 공기호흡기를 착용하는 등 좁디좁은 소방차 안에서 커다란 덩치의 소방관 서너 명이 누구보다 정확하게 장비를 착용한다.

장비를 착용하는 동안 현장 활동에 대비한 간단한 브리핑을 한다. 팀장은 팀원들에게 현장 활동 매뉴얼에 입각한 대략적인 안전사항과 어떠한 장비를 동원하고 어떻게 행동해야 하는지 주의하라고 한다. 현장의 상황을 보기도 전에 무전으로 들려오는 현장 상황을 듣기만 해도 경험 많은 팀장은 이러한 지시를 충분히 할 수 있다.

그다음은 소방관 각자의 마음 준비다. 누군가를 구해야 하고 지켜야 한다는 사명감과 모두가 빠져나오는 위험한 곳에 들어가야 한다는 두려움이 함께 밀려온다. 하지만 이런 기분도 금세 사라진다. 같은 옷을 입고 장비를 착용하고 있는 동료들이 옆에 있기에 어느새 임무를 온전히 수행할 수 있겠노라는 자신감이 솟아오른다. 그리고 모든 준비는 그렇게 끝난다.

Q6
출동 후 현장에서
어떤 과정으로 일을 처리하나요?

소방차 안에서 경험 많은 팀장님의 대략적인 브리핑을 들었다 하더라도 눈으로 직접 본 현장의 상황은 다른 경우가 많다. 일단 어떤 현장이냐에 따라 초기 대응이 달라진다. 가장 먼저 도착한 소방차의 팀장은 현장의 상황을 무전으로 상황실에 알린다. 화재 현장이라면 화재의 성상, 인근 건물로 화재가 확대될 것인가에 대한 여부, 화재진압에 필요한 추가 지원 여부 등을 무전으로 알리고 즉시 화재진압에 나선다. 이때 대원들도 임무에 맞게 이동한다. 화재진압대원이라면 소방차에서 호스를 꺼내 소방차에 연결하고 화점불이 붙어 화염이 분출되는 곳으로 방수를 할 것이다. 외부에서 내부로 불을 제압하며 점점 안쪽으로 진입하며 불을 잡는다. 구조대원들은 화재 현장에 구조를 기다리는 사람이 있는지 확인한다. 이런 행동을 '인명검색'이라고 한다. 구조대원들은 불을 끄는 호스를 들지 않는다. 그래서 화재진압대원들의 엄호를 받으며 화재 현장으로 들어가든지 아니면 불이 없거나 적은 곳으로 들어가 인명검색을 한다.

화재진압과 인명검색은 동시에 이루어진다. 중요한 것은 이런 현장 활동은 소방관 각자의 안전을 최우선으로 여기고 행

170

동해야 한다. 때론 목숨이 경각에 이를 만큼 위험한 현장을 겪게 되는 소방관들에게 안전은 중요한 현장 활동 제1의 원칙이다. 다른 사고 현장도 이와 비슷하다. 교통사고와 같은 현장 역시 도착 즉시 현장 상황을 무전으로 보고한다. 사고의 유형이나 구조 대상자의 상태, 구조 대상자의 수, 추가 지원 여부를 신속히 결정하고 보고한다. 구급 현장은 조금 다르다. 사고 현장의 상황보다 환자의 상태가 우선이다. 구급대원은 환자에 대한 1차 평가를 즉시 하고 조치 상황을 역시 무전으로 보고한다. 중요한 것은 환자의 상태인데 위급한 경우 응급의학 전문의와의 전화나 화상으로 조언을 받으며 현장에서 의료적 조치를 하기도 한다. 단순히 이송만 하는 것이 아니라 환자가 중증일 경우 최대한의 응급의료조치를 하는 것이다. 또한, 환자가 도착해야 할 병원의 응급실에서 사전에 치료를 위한 준비를 할 수 있도록 요청을 하기도 한다.

15년을 일한 나는 여전히 현장을 알기 어렵다. 달리는 소방차 안에서 상상으로 현장을 그려보지만 도착해서 직접 눈으로 확인한 현장은 생각과 다를 때가 많다. 여전히 부족함을 느낀다. 그렇다 하더라도 소방관의 움직임은 본능에 가까워야 한다. 누군가를 살려야 하고 현장을 안전하게 조치해야 한다. 어쩌면 가르쳐줘서 하는 행동이 아니라 소방관 옷을 입고 있으므로 자연스럽게 나오는 행동일 것이다. 현장에 도착해서 이루어지는 모든 일은 소방관의 책임이다. 그러기에 심적 부담도 엄청나다. 그렇다 한들 뒷일을 걱정해서 소방관의 행동이 위축되지 않는다. 오로지 최선을 다할 뿐이다. 결과로서 과정을 입증해야 한다.

화재 발생 시,

안전한
대피 방법

1. 초기소화

화재 발생 시, 처음 발견한 사람은 화재 사실을 다른 사람에게 알려야 한다. 큰소리로 "불이야"를 외치거나 비상벨을 눌러 다른 사람들에게 화재 사실을 알린다. 이후 즉시 소화기, 모래, 옥내소화전 등을 이용해 불을 끈다. 불을 끄는 것에만 집중하면 연기에 질식하거나 불길에 갇힐 수 있으므로 주의해야 한다.

2. 신고

소화기나 물 등을 이용하여 초기소화가 불가능하다고 판단되면 즉시 소방서에 신고하고 대피해야 한다. 소방서에 화재신고를 할 때는 침착하게 화재 발생 장소, 주소, 주요건축물, 화재의 종류 등을 상세하게 설명한다.

3. 대피

화재 발생 시에는 건물구조를 상세하게 알지 못해 당황
하거나 겁을 먹게 되어 패닉에 빠지게 되므로 건물구조
에 익숙한 사람이 적절한 피난 유도를 해야 한다. 건물마
다 방화관리자가 선임되어 있으므로 이들의 지시에 따르
거나 통로의 유도등을 따라 대피한다. 이때 당황하거나
무서워하지 말고 침착하고 질서 있게 대피해야 한다. 화
재 발생 시 가장 주의해야 할 것은 유독가스와 연기로 인
한 질식인데, 물에 젖은 수건으로 입과 코를 막고 호흡은
짧게 하면서 자세를 낮추고 대피한다. 문을 열 때는 손
등을 대 뜨겁지 않은지 확인하고 뜨거울 때는 절대로 문
을 열지 않는다.

4. 안전조치

건물 내 화재 발생으로 불길이나 연기가 주위까지 접근하여 대피
가 어려울 때는 무리하게 통로나 계단 등을 통하여 대피하기보다
는 물에 적신 수건으로 문틈을 막는 등 안전조치를 취한다. 안전
조치를 취한 후에는 갇혀 있다는 사실을 외부에 알려야 한다. 화
기나 연기가 없는 창문을 통해 소리를 지르거나 물건 등을 창밖
으로 던져 갇혀 있다는 사실을 알린다. 연기가 새어 들어오면 낮
은 자세로 엎드려 담요나 타올 등에 물을 적셔 입과 코를 막고 짧
게 호흡을 한다. 무엇보다 아무리 위급한 상황일지라도 반드시
구조된다는 신념을 가지고 기다려야 하며 창밖으로 뛰어내리거
나 불길이 있는데도 함부로 문을 열어서는 안 된다.

173

I am a firefighter

1 소방관의 일상 엿보기

I am a firefighter

새벽 기상까지는 아니더라도 나는 아침 6시가 조금 넘으면 잠에서 깬다. 아침잠이 많은 아내는 그런 나를 노인네라고 놀려대지만, 일찍 일어나면 혼자서 할 수 있는 일이 많아서 좋다. 양치를 가장 먼저 한다. 그리고 정수기의 물을 더도 말고 덜도 말고 딱 0.5ℓ를 따라 마신다. 화장실에 들른 후, 거실에 앉아 베란다 창밖에 있는 아파트 정원을 바라보며 가볍게 스트레칭을 한다. 스트레칭은 머리부터 발끝까지 10분이면 충분하다. 그 후 현관문을 열고 나가 배달된 신문을 가지고 들어온다. 식탁에 앉아 10분 정도 짧게 본다. 거실 탁자는 낮아서 허리를 숙여야 하기에 팔을 괴고 신문을 읽을 수 있는 주방 식탁이 좋다. 신문 기사보다는 칼럼과 사설 위주로 빠르게 읽는다. 그리고 마지막으로 가장 중요한 한 가지가 더해진다. 바로 긍정적인 확언을 하는 것이다. 언제부터인지 아침에 일어나 눈을 뜨는 순간 혼자 중얼거리는 말이 생겼는데 딱히 정해진 것은 아니지만 대략 "오늘도 잘해보자", "좋은 하루다", "나는 괜찮다" 등등 희망적이고 긍정적인 말을 나지막하게 읊조린다. 소방관이라는 직업을 가진 후 15년 동안 이어지는 나만의 의식이다. 그리고 그동안 읽었던 수많은 자기계발서에는 거의 이렇게 쓰여 있었던 것 같다.

'긍정 확언, 자기암시 같은 것을 하면 부와 성공을 이룬다!'

그래서 나도 그래서 이런 습관이 든 것 같다. 당장 무언가를 기대하기보다 아침잠이 없는 내가 일찍 일어나 보내는 시간을 어떻게든 효율적으로 써보자 마음먹고 만든 습관이다. 효과가 나쁘지 않다. 요즘은 주로 "나는 운이 좋다"라는 자기암시를 한다. 구체적으로 어떻게 한다는 말보다 그냥 이 말이 좋다. 포괄적 개념이라 콕 집어 말 안 해도 다 잘될 거 같은 생각이 든다. 소방관이라는 위험한 일을 하다 보니 '운'이라는 말이 결코 가볍게 볼 단어가 아니라는 것을 깨달았다. 어쩌면 나에겐 가장 어울리는 자기암시다. 하지만 너무 희망적 말을 믿지는 않는다. 내 일을 놓고 보자면 일단 그렇다.

사람 목숨 오락가락하는 사고 현장에서 희망과 현실은 철저히 구분되어야 한다. 119구조대원의 능력은 모든 사람을 살릴 수는 있는 초인적인 그 무엇이 아니다. 현장에서는 현실을 냉철하게 바라봐야 한다. 처절하다 못해 아비규환인 현장은 잘될 거라는 마음속 희망만을 믿기엔 너무 가혹하다. 희망을 말하기에는 인간의 힘으로 도저히 어쩔 수 없는 현실이 있다는 것을 뼈저리게 느낀다. 119구조대원은 인간의 힘이 미치는 가장 극한까지 치열하게 도전한다. 누군가를 살리고 구하기 위해 할 수 있는 모든 것을 한다. 그런 처절한 현장에서 어쩌면 기도나 희망은 스치는 바람에도 사라져버리는 연기 같은 것일지 모른다. 그래서 무조건 잘될 거라는 말은 소방관이 맞닥뜨리는 현실 앞에서만큼은 공허하다. 안타깝게도 이러한 현실을 수없이 봤다. 금방까지만 해도 살아있었던 누군가의 몸에서 영혼이 빠지듯 온몸의 힘이 사라져버리는 것을 내 눈으로 보고 내 손으로 느꼈다. 그럴 때마다 한없이 나약한 나의 한계를 느꼈다. 매일같이 이어지는 수많은 사고는 내 삶만은 안전할 것이라는 평범한 이들의 당연한 생각을 보기 좋게 비껴간다. 그래서 조심스럽게 고백하건대 희망과 현실은 절대 비례하지 않는다.

그렇다 하더라도 간절함을 비관할 수는 없다. 매일매일 복작대고 치열하게 살아가는 힘든 현실이라 하더라도, 아침마다 가늘게 읊조리는 나만의 암시를 그래서 결코 빠트릴 수 없다. 오늘도 어떤 사고가, 어떤 사람이 나를 기다릴지 모른다는 생각은 잠시 접어두고 타인을 위한 직업을 가진 내가 오롯이 나를 위한 시간에 집중하며 작디작은 희망을 자신에게 주문처럼 말해야 한다. 그래야만 이 혹독한 현실 속에서 나를 온전히 보호하고 누군가를 위해 희생할 수 있는 용기가 생길 것 같기 때문이다. 현실의 어려움 때문에 마음마저 무너지면 안된다. 소방관이 되고 나서 어느덧 일상이 되어버린 아침 시간이 그래서 무엇보다 소중한 시간이다. 결국, 몸과 마음의 간결한 정돈이 필요하다. 하는 일의 대부분이 육체노동인 소방관들의 일상은 제각각이겠지만 자세히 들여다보면 마음을 다스리고 육체를 단련하는 취미가 주를 이룬다.

부산소방 특수구조단 항공대 남자 화장실 소변기 앞에는 작은 액자가 하나씩 걸려있다. 그 속에는 짧은 시 한 수가 적혀있는데 모두가 항공대에 근무하는 선배가 손수 지은 시다. 등단까지 한 것으로 아는 선배는 시를 적으며 자신의 마음을 다스리지 않았을까 한다. 그의 일상은 매일같이 거대한 소방헬리콥터를 몰고 나가 사람을 구하고 이송하는 전쟁 같은 시간이었을 것이다. 그런 그가 시를 적었다. 육체는 하늘을 나는 기계를 만지며 격렬했겠지만, 일상은 시상을 떠올리며 평온했을 듯하다. '일'은 하늘에서 했지만 '일상'은 글 속에 있었다. 다른 선배는 색소폰을 분다. 헬리콥터 격납고 구석에 있는 작은 골방에 가면 악보와 함께 금빛 색소폰이 있다. 조금은 한가로운 주말 오후쯤이면 멋들어진 색소폰 소리가 소방서 안에 잔잔히 울린다. 그 역시 헬리콥터를 조종하는 기장이었다. 색소폰을 부는 그의 일상 속에는 소방관도 없고 사고도 없다. 오로지 자신만이 있을 뿐이다. 그 외에도 수많은 동료가 자기만의 일상을 가진다. 마라톤, 등산, 서예, 그림, 사교댄스, 플라모델 조립, 분재, 스쿠버다이빙……. 이룰 수 없을 만큼 무수한 그들만의 일상이 있다.

불이 나고 무너지고 사람이 죽어 나가는 사고 현장의 현실을 벗어나 자신의 몸과 마음이 온전히 치유될 수 있는 일상이 소방관에겐 필요하다. 트라우마나 PTSD 같은 의학 용어를 빗대지 않더라도 소방관의 마음은 갈수록 힘들다. 그러기에 세상 누구보다도 자기만의 일상이 필요하다. 아니 자기만의 시간이 필요하다. 거실 소파에 앉아 따뜻한 차를 마시며 가만히 눈을 감는 별거 아닌 행동조차 소방관들에게는 소중한 일상이다. 코로 들이마시는 작은 숨조차, 흘러나오는 음악에 맞추며 까딱거리는 손가락의 의미 없는 움직임조차 소방관들에게는 소중하다. 매일같이 비명에 죽어가는 이름 모를 사람을 구하기 위해 몸부림치는 소방관들에게는 단 한 순간도 허투루

보낼 수 없는 소중한 일상의 시간이다.

나에게 돈과 시간을 선택하라고 한다면 시간을 선택하겠다. 돈이 아쉽지 않은 것은 아니지만 내게 주어진 시간은 돈보다 더 귀하다고 느낀다. 다시 돌아오지 않는 지금, 이 순간이 얼마나 귀한지 소방관이 되고 나서야 알았다. 구하지 못하고 죽은 이들에게 가장 필요한 것은 억만금의 돈이 아니고 그들이 앞으로 살아가야 했던 시간이었음을 봐왔기 때문이다. 그중에서도 나만을 위해 그리고 가족을 위해 가질 수 있는 평범한 일상의 시간이 귀하고 또 귀하다. 더 높은 곳에 올라가기 위해 바둥거리고 더 많은 것을 가지기 위해 뛰어다니는 시간이 나에게는 버겁게 느껴진다. 삶의 극한에서 일하는 소방관에게는 어쩌면 더 가질 일도 더 잘날 일도 허상처럼 느껴질지도 모르겠다. 그만큼 일상은 소중하다. 지금 뒤돌아보건대 구조대 막내 시절 야간근무를 마치고 아침에 퇴근할 적에 선배들이 사주던 시장 국밥과 소주 한잔이 그토록 그립다. 밤새 불 끄고 사람 구하다가 코끝에 여전한 불 냄새를 선배들이 따라주는 소주 한잔에 날려버리곤 했다. 낮술에 취해 정오가 되어서야 비틀거리며 시장을 벗어날 때 택시를 잡아주며 내 등을 두드린 선배의 말이 지금도 기억에 남는다.

"수고했다."

Q1
근무 시간은
어떻게 되나요?

소방관은 24시간 일한다. 그래서 소방서를 밝히는 전등은 늘 켜져 있다. 언제 울릴지 모를 출동 벨 소리를 매일 기다린다. 그러다 보니 교대근무를 한다. 주간근무와 야간근무를 구분해서 팀을 편성하고 나눠서 일한다. 이러한 교대근무의 형식은 시·도마다 조금씩 다르다. 그중 가장 대표적인 근무방식이 3교대 근무방식이다. 3개 팀을 편성하고 한 팀은 주간근무, 한 팀은 야간근무, 한 팀은 휴일을 갖는 방식이다. 예를 들어 1팀이 오늘 주간근무라면 2팀은 야간근무를 하게 되고 3팀은 비번, 즉 쉬는 날이 된다. 다만 연속성을 가지기 위해 한 팀이 주간근무를 일주일 한다면 나머지 두 팀이 야간근무와 비번을 번갈아 한다. 이렇게 한 주씩 돌아가며 주, 야 교대근무를 하게 된다. 이런 근무방식을 21주기 교대형식이라고 한다.

다른 방식도 있다. 한 팀이 24시간 근무를 하고 다른 두 팀이 휴일을 보낸다. 3개 팀을 편성하는 것은 21주기 근무방식과 같지만 한 팀이 24시간을 근무해주기 때문에 나머지 두 팀이 이틀을 쉴 수 있는 구조가 된다. 일명 '당비비' 또는 '당비휴' 근무방식인데 단일 근무 시간은 많지만, 휴일이 이틀 연속 보

장되기 때문에 소방관들이 가장 선호하는 근무방식이다. 소
방청에서 전국의 소방관들을 대상으로 근무방식에 관한 조
사를 했는데 상당수가 이 방식의 근무를 선택했다고 한다. 아
마 곧 일률적으로 당비비 근무방식으로 전환되지 않을까 한
다. 다만 출동 건수가 많거나 업무량이 많을 때는 24시간 근
무형태가 피로감을 주기 때문에 별도의 대책이 필요한 것으
로 보고되고 있다. 사실 인원과 제도가 제대로 갖춰지지 않았
던 과거에는 24시간 근무, 24시간 휴식이라는 힘든 근무형태
도 있었다. 물론 지금도 일부 지역에서는 인원 부족으로 인하
여 이러한 2교대 방식이 남아있다. 가만히 앉아서 사무적 일
을 하는 일이 아닌 현장에서 극렬한 신체활동을 해야 하는 소
방관들에게는 힘든 근무형태라 할 수 있겠다. 물론 잠시도 출
동 공백이 생기지 않게 하려면 불가피하게 할 수도 있겠지만
그보다 충분한 인원으로 최소 3교대 근무방식으로 가야 하는
것이 타당하다고 본다.

소방관들에게 아침에 출근하고 저녁에 퇴근하는 일상적인 주
5일 근무가 낯설다. 또 주말이나 빨간 글씨의 휴일을 잊고 살
아야 한다. 설날이나 명절에 쉰다는 것도 다른 세상 이야기다.
그냥 야간근무를 하고 아침에 퇴근하는 날이 쉬는 날이다. 난
소방학교에서 교관 생활을 했던 3년을 제외하고 10년을 넘게
교대근무를 하고 있다. 이러한 교대근무는 쉬운 일이 아니다.
야간근무 때 출동으로 밤을 새우는 일이 부지기수고 출동이
없다 하더라도 대기실에서 옷을 입은 채 잠시 눈을 붙이는데
이때 몸은 온전히 쉬지 못한다. 흔히 말하는 바이오리듬이 뒤
엉킨다. 잠이 보약이라는 말도 있는데 소방관은 불규칙한 생

활 방식 때문에 수면의 질이 좋지 못하다. 아니나 다를까 최근 소방관을 대상으로 한 심리지원 설문 조사에서 수면 부족 또는 수면의 질 저하가 소방관에게 가장 큰 심리적 어려움으로 나타나기도 했다. 낮과 밤이 뒤바뀌는 직업이 소방관뿐만 아니다. 모두가 각자의 어려움이 있을 것이다. 어찌 되었든 충분한 휴식 후 근무에 임하기를 바란다. 소방관의 건강이 시민의 건강이라는 어느 지휘관의 말이 떠오른다.

Q2
새벽에 근무하는 날이
많나요?

3교대 근무체계라면 적어도 한 달에 10번 이상은 야간근무를 하게 된다. 여기서 말하는 야간근무는 정확히 말하자면 저녁 6시부터 다음 날 아침 9시까지 근무하는 것을 뜻한다. 당연히 새벽을 지새워야 하고 아침을 소방서에서 맞아야 한다. 언제라도 출동에 대비해야 하니 밤낮을 가리지 않고 일을 해야 하는 것은 당연한 소방관의 책무다. 야간근무는 결코 쉬운 일이 아니다. 주간근무보다는 업무가 많지는 않다. 야간에는 출동대기만 하다 보니 행정이나 장비정비 업무가 적다. 혹시 주간근무팀이 출동이나 훈련 등의 이유로 처리하지 못한 일이 있다면 야간근무팀이 대신해주기도 한다. 하지만 거의 드문 일이다. 늦은 밤부터 동트는 아침까지 출동대기를 하는데 사무실에서 대기하는 직원도 있고, 대기실에 들어가 휴식을 취하는 사람도 있다. 대기실에서는 가수면 상태로 잠시 눈을 붙인다. 하지만 출동에 대비해서 옷을 그대로 입은 채로 눕는다.

새벽 출동은 힘들다. 인간의 신체구조나 리듬은 새벽 시간에 잠을 자도록 맞춰져 있다. 그 시간에 격렬한 신체활동을 한다는 것은 정신과 육체에 상당한 부담을 준다. 혹여 그냥 출동 한두 건 정도 새벽에 다녀오는 것이 무엇이 힘드냐고 말할

185

수도 있겠다. 하지만 그런 일을 십 년, 이십 년 반복한다고 생각해보라. 오래 근무한 소방관일수록 더 불면증과 수면장애를 호소한다. 새벽 시간은 만물이 재충전하고 아침을 준비하는 시간이다. 시끌벅적한 도시도 깊은 새벽에는 대부분 잠이 든다.

하지만 사고는 여전하다. 특히 밤새 영업을 하고 3~4시쯤 문을 닫는 술집 같은 곳에 화재가 빈번하다. 겨울철에 특히 심한데 전열기 같은 난방기구를 끄지 않는 경우가 있기 때문이다. 교통사고도 잦다. 대다수가 음주운전이다. 해서는 안 될 음주운전 때문에 새벽길이 지옥으로 변한다. 또 술에 취해 쓰러지거나 다친 사람들도 많다. 그냥 쓰러져 있다고 모두 119가 돕지는 않는다. 혹시 다치거나 큰 위험에 빠질 수 있는 상황이라면 신고가 접수되는데 그런 경우 여지없이 응급실로 이송한다. 아니면 경찰에게라도 인계한다. 구급대원들은 이른바 '주취자酒取者'를 처치하기 위해 새벽을 한바탕 요란스럽게 보낸다. 그러고 나면 겨우 아침 해를 본다. 소방관들 사이에 '긴 밤'이라는 말이 있다. 출동 한 건 없이 조용히 보내는 야간근무를 말한다. 하지만 긴 밤은 잘 없다. 늦은 새벽, 어둠이 짙게 깔린 도심의 도로 위를 달리는 소방차의 사이렌 소리는 그래서 더 크게 들린다.

소방관은
언제 쉬나요?

일정하지 않다. 주간근무 중에는 그냥 짬짬이 쉰다. 하지만 저마다 다르다. 처리할 업무가 많다면 온종일 해도 모자라고 그렇지 않다면 출동대기를 하며 쉬긴 하지만 일이 없을 수는 없다. 주간근무는 그만큼 할 일이 많다. 오후에는 훈련을 한다. 동료들과 소방서 외부의 훈련 시설에서 장비를 펼쳐놓고 각종 소방 훈련을 한다. 그러다가 훈련을 마치면 다 같이 모여 간식을 먹기도 하고 담소를 나누기도 한다. 이런 모습은 여느 직장과 크게 다르지 않을 것이다.

야간근무 때는 장비를 정비하고 저녁을 먹은 후 간단한 훈련이나 회의를 하는데 주간근무 때와 다르게 강도가 높지 않다. 야간 출동은 주간보다 위험도가 높아서 직원들의 피로도를 고려하여 힘든 훈련을 하지 않는다. 휴식을 가지는 일도 개인적으로 한다. 정기적으로 들어야 하는 공무원 직무교육을 인터넷으로 수강하기도 하고, 책을 읽거나 운동을 하는 등 자기계발을 하며 시간을 보내기도 한다. 휴식시간이 주어지지만, 마냥 쉬지만은 않는 것이다. 하지만 출동이 걸리면 하던 일을 중단하고 소방차에 올라탄다. 결국, 업무를 하든 훈련을 하든 자기계발을 하든 휴식시간도 출동대기라는 큰 틀 속에 있다.

그러다 보니 아무것도 안 하고 앉아 있는 동료들도 있다. 언제 걸릴지 모르는 출동을 기다리는 것 또한 업무의 연속이니 그렇다. 이쯤 되면 쉬는 게 쉬는 것이 아니다. 나는 그나마 동료들과 두런두런 앉아 이야기를 나누는 시간이 좋았다. 선배들의 옛 시절을 들으며 열악했던 환경에서 지금껏 최선을 다해 온 소방의 역사를 들을 수도 있고 후배들의 일상 속에 내가 모르는 젊은 후배들의 마음도 알 수가 있어 좋다.

쉬는 것이 대수겠는가? 어차피 언제라도 뛰쳐나가야 하는 소방관들이다. 하지만 우리는 안다. 힘들고 위험한 현장에 익숙한 소방관들은 잠시라도 동료들과 나누는 휴식시간이 얼마나 소중한지를. 우리 소방관은 짧지만 함께 쉬는 그 시간이 절대 사라지지 않기를 바란다.

Q4
쉬는 날엔
무엇을 하나요?

달력의 빨간 날은 소방관에게 쉬는 날이 아니다. 야간근무를 한 다음 날이 쉬는 날이다. 그러다 보니 남들 쉴 때 일하고 남들 일할 때 쉰다는 말을 동료들과 농담처럼 한다. 소방관들은 쉬는 날이라는 표현보다 비번非番이라는 말을 주로 쓴다. 쉬는 날에 무엇을 하느냐는 개인마다 천차만별이다. 내 이야기부터 하자면 솔직히 부끄러움이 밀려온다. 소방관으로 임용되고 비번 때면 매일 술을 마셨다. 함께 임용된 동기들과 하루가 멀다고 만났다. 화려한 부산의 밤거리를 다니며 맛있는 안주와 술을 즐겼다. 술을 마시기 위해 비번날을 기다렸다고 해도 과언이 아니다. 야간근무를 마치고 집에 가서 가장 먼저 잠을 잤다. 새벽 출동 서너 번을 하고 아침에 퇴근하면 그야말로 비몽사몽이다. 그래서 혼자 사는 작은 원룸에 들어가자마자 쓰러지듯 잠을 청했다. 점심시간을 지나 해가 중천에 있을 때쯤 겨우 잠에서 깬 나는 친한 동기들 몇 명에게 전화한다.

"오늘은 어디로 가볼까?"

취미 생활도 아니고 자기계발도 아니었다. 가정을 이루지 않은 혼자 사는 젊은 남자의 생활이려니 해도 나의 쉬는 날은

189

늘 이런 식이었다. 그러던 어느 날 야간근무를 하며 기관원 선배와의 대화 중 선배가 나에게 물었다.

"넌 특수부대 전역했으니 운동 잘하겠네?"
"딱히 잘하는 운동은 없지만, 뭐든 뛰고 움직이는 건 자신 있습니다!"

다음 날 바로 선배는 나를 마라톤 동호회에 데리고 갔다. 사직동에 있는 월드컵 경기장 옆에 있는 보조트랙에서 난생처음 동호회라는 곳을 만나게 되었다. 그곳에는 다른 소방서의 동료들도 있었고 다른 직업을 가진 사람들도 모여 있었다. 간단히 인사하고 다 함께 뛰었다. 다들 달리기 실력이 대단했다. 나 역시 UDT 시절부터 뛰는 것이라면 자신이 있었기에 뒤처지지는 않았다. 나의 뛰는 모습을 본 동호회원들이 다들 칭찬했다. 난 뛰는 게 힘들긴 했지만, 운동하는 내내 즐거웠다. 마치고 나선 근처 식당에 가서 시원한 막걸리에 파전을 먹었다. 쉬는 날 이렇게 운동을 하고 함께 스트레스를 푸는 모습이 생소했다. 그때 처음 알았다. 소방관들이 비번 때 무엇을 하는지 말이다.

그 후 난 마라톤과 함께 수영을 집중적으로 했다. 동기들과의 술자리도 거의 나가지 않았다. 군대에서 배운 스쿠버다이빙도 다시 시작했다. 몸과 마음이 가뿐했다. 무엇보다 소방관인 내가 다양한 직업을 가진 사람들과 같은 취미를 공유한다는 것이 좋았다. 다들 소방관에 대한 인식도 좋았고 직장생활을 하는 사회인으로서 어떻게 살아가는지에 대한 정보도 나누었다. 그러고 보니 쉬는 날 나의 동료들이 무엇을 하는지 궁금했다. 다들 그냥 '쉬는' 것이 아니었다. 같은 팀 다른 선배는 테니스 동호회에 가입해 운동했다. 지역 직장인 대회에 출전할 만큼 실력이 좋았다. 다른 선배는 사이클을 탔다. 철인 3종도 병행했는데 체력이 정말 대단한 선배였다. 운동만 하는 것이 아니다. 구조대장님은 차를 꾸미는 것을 좋아했는데 특히 차에 고성능 음향시스템을 장착하고 멋들어진 팝 음악을 들으며 교외로 드라이브를 즐기셨다.

쉬는 날이라고 마냥 쉬지는 않는다. 소방관들은 특히 건강에 관심이 많다. 그럴 만도 하다. 우리의 일이 몸을 쓰는 일이 아니던가? 힘든 현장 활동을 하고 또 운동한다는 것이 조금 의아할 수도 있겠지만, 프로야구나 프로축구 선수들이 쉬는 날 자신의 몸을 더 가꾸기 위해 또 다른 연습하는 것과 비교해 생각해보면 어떨까 한다. 그만큼 몸을 가꾸는 것이 더욱 일을 잘 수행하는 데 도움이 되기 때문이다. 여행이나 등산, 음악이나 미술, 사진 등 쉬는 날 자신을 위해 무언가를 즐기는 많은 동료도 있다. 무엇을 하든 쉬는 날은 힘겨운 소방서 일을 잠시 잊고 몸과 마음을 다른 곳에 집중하면서 보낸다. 쉽지 않은 직장생활을 하기에 쉴 때만큼은 오롯이 자신만을 위한 시간을 보내는 것이다. 그래야만 다시 현장으로 달려갈 힘이 생긴다.

Q5
따로 소방 훈련을
받기도 하나요?

물론이다. 소방서는 훈련이 많다. 현장에서의 실전에 대비한 많은 훈련을 소방관들은 거의 매일 소화해야 한다. 일상훈련은 매일 있다. 대체로 장비를 조작하거나 화재, 구조, 구급에 필요한 기술들을 익힌다. 출동에 대비해야 하므로 긴 시간 할 수는 없지만, 특히 신규직원에게는 무엇이라도 손에 익히기 위한 소중한 시간이다. 그리고 소방서나 소방본부 단위로 크게 하는 훈련도 있다. 이런 훈련에는 인원과 장비가 많이 투입된다. 특히 불이 났을 때 피해가 클 것으로 예상하는 다중이용 업소 같은 곳은 주기적으로 방문해서 실전과 같은 훈련을 한다.

또 소방관들에게는 필수적으로 취득해야 하는 몇 가지 자격이 있는데 화재대응능력, 인명구조사 등이 그런 것이다. 이러한 자격을 취득하기 위한 훈련도 계속된다. 다만 이런 훈련은 자격을 취득하고자 하는 해당 직원만 한다. 자격을 취득하는 것은 어쩌면 개인적인 일이기도 하기에 별도의 훈련시간을 내기보다 틈틈이 개인적으로도 한다. 자격을 먼저 취득한 선배들의 도움을 받기도 한다. 소방청에서 주관하는 자체 시험인 이런 평가는 취득하기가 매우 까다롭다. 화재대응능력은 주로 화재진압대원이, 인명구조사는 구조대원이 취득한다.

소속된 지역의 소방학교로 가서 훈련을 받기도 한다. 훈련이라기보다 교육에 가까운 이런 일은 현직 소방관들에게는 매우 중요한 일정이다. 계급이 올라가고 다양한 부서를 이동하면서 소방서 전체의 업무를 잘하기 위해서는 소방학교에서 하는 전문교육을 이수해야 한다. 이런 교육은 이론 교육도 있고 실습 교육도 있다. 분야도 화재, 구조, 구급 등 소방의 주요 직무 분야에 직접 적용이 가능한 우수한 교육프로그램이 마련되어 있다. 자신이 소속된 지역이 아니더라도 다른 지역의 소방학교 교육도 신청해서 받을 수가 있다. 예를 들어, 나는 부산소방 소속이지만 강원도소방학교에서 하게 되는 급류구조 교육을 받고 싶다면 교육 수요 조사 때 신청해서 받으면 된다. 소방관들에게 이런 교육 훈련은 계급 승진에 대한 평가에 중요한 점수가 되기도 하므로 소홀히 할 수가 없다.

Q6
체력관리는
어떻게 하나요?

내가 근무했던 부산소방 특수구조단은 얼마 전에 체력단련실 확장 공사를 했다. 공간을 넓히고 더 많은 체력단련 기구를 들였다. 이런 체력단련을 위한 시설이나 장비를 갖추는 것도 소방관들 마음대로 하는 것이 아니라 다 절차와 규정이 있다. 그만큼 소방관들에게 체력관리는 중요하며 일과 중 체력단련 시간이 별도로 편성되어 있을 만큼 빼놓을 수 없는 일과다. 일반적인 직장에서 하루에 2시간 이상 체력단련 시간을 별도 편성한다는 것은 쉽지 않은 일일 것이다. 하지만 소방서는 긴급 출동이 아닌 이상 매일 오후 2시간 정도 체력단련 시간을 별도로 마련해 놓고 직원들의 체력관리에 신경을 쓴다.

체력관리는 각자의 몫이다. PT라고 불리는 개인 강습까지는 아니지만 그래도 운동에 일가견이 있는 직원들이 많아 유명 트레이닝 센터 부럽지 않은 몸 관리를 스스로 한다. 특히 요즘 들어오는 젊은 후배들을 보자면 자기관리가 아주 철저하다는 것을 느낀다. 술이나 좋지 않은 음식을 멀리하고 몸을 아껴 다룬다. 또한, 각자의 건강을 위해 근무 시간 틈틈이 몸을 움직이며 건강을 유지한다. 보통 주간근무 때는 오후 3시 이후, 야간근무 때는 밤 9시 이후에 2시간 정도가 체력단련

시간으로 편성되어 있는데 그렇다고 어디 멀리 이동할 수는 없다. 혹여 축구나 농구와 같은 구기 종목을 하고 싶더라도 출동대기를 위해 이런 것은 불가하다. 무조건 체력단련은 소방서 안에서 이루어진다. 기본적으로 체력단련실에 각종 헬스 기구를 놓고 근력운동을 주로 한다. 그리고 탁구나 배드민턴과 같은 실내운동도 있다. 주말이나 휴일 근무 때는 빈 주차장에서 족구를 하기도 한다. 뭐가 되었든 운동은 소방관들과 뗄 수 없는 일이다. 앞서 말한 대로 비번 때 개인적으로 즐기는 운동도 있다.

'몸짱 소방관 선발대회'도 있다. 1년에 한 번씩 중앙소방학교에 모여 멋지게 몸을 가꾼 소방관들이 육체미를 뽐낸다. 남자인 내가 봐도 감탄이 절로 나온다. 바쁜 소방서 일상 속에 자신의 몸을 끊임없이 단련하며 꾸준히 체력을 관리했기에 가능한 일이다. 아마도 근무 시간 짬짬이 체력단련실에 들러 무거운 아령과 씨름했을 것이다. 또 최근에 몇 개의 TV 예능프로그램에는 특수부대 출신 예비역들을 모아 군사 임무를 수행하는 밀리터리 프로그램이 인기를 끌고 있다. 거기에 출연하는 다수의 출연자가 소방관이다. 조각과 같은 몸에 강철같은 체력을 뽐내는 그들을 보면 같은 소방관으로서 너무 자랑스럽다. 그들의 강인한 육체는 단순히 남 보기 좋은 것이 아니다. 소방관이라는 일을 하기 위해 강인한 체력은 필수임을 스스로 알았을 것이다. 경기도 소방본부에 근무하는 한 출연자는 세계 소방관 경기대회 최강 소방관 분야에 출전하여 당당히 금메달까지 따낸 막강한 체력의 소유자였다.

나는 수영을 했다. 소방학교 근무 시절 수난구조를 위해 수영장에서 매일같이 수영했다. 교육 준비를 위해 아침 일찍 출근해야 했는데 30분 정도 일찍 출근해서 차가운 물에 몸을 던졌다. 아침에 수영하고 나면 몸도 개운하고 정신도 매우 맑아진다. 그렇게 수영으로 몸을 관리하는 것이 습관이 된 후 십 년 넘게 수영을 즐기고 있다. 체력은 국력이다는 말이 있다. 개인 한명 한명이 작은 조직에서 큰 조직을 구성하고 더 나아가 사회를 그리고 국가를 움직인다. 커다란 시스템에 의한 사회적 동력도 결국 인간의 몸뚱어리가 움직여야 한다. 소방이라는 조직도 그렇다. 소방관이라는 사람은 더욱 그렇다. 소방관 한명 한명이 가진 힘과 기술이 현장에서 쓰러져가는 누군가를 일으켜 세우는 근본이다.

2 소방관에게 묻기

소방관은 주변 사람에게 많은 질문을 받는다. 대다수 질문은 위험한 일에 대한 걱정, 두려움 같은 감정을 기반으로 한다. 때론 경외감 같은 부담스러운 마음을 섞어 묻는 사람도 있지만, 드물다. 수년 전 지역의 어느 독서 모임에 갔다가 울산에서 왔다는 한 젊은 남성과 인사를 나눈 적이 있었다. 독서 모임에서 조별토론을 하기 위해 같은 조가 된 남성은 각자의 소개 시간에 내 직업이 소방관이라고 밝히자 곧 이렇게 물었다.

"악수를 청해도 될까요?"

난 흔쾌히 그러자고 했다. 그러자 남자는 내 손을 꽉 맞잡으며 "고맙습니다"라는 말을 연발했다. 그러면서 자신은 꼭 소방관을 만나면 고맙다는 말을 해주고 싶었노라고 고백했다. 나는 잠시 당황했지만 이내 감격스러웠다. 알 수 없는 뭉클함이 가슴속 깊은 곳에서 올라왔다. 그런 모습을 지켜보던 다른 사람들은 손뼉을 가볍게 치며 함께 고맙다는 말을 나누었다. 나도 고맙다고 했다. 다 같이 서로에게 고맙다는 말을 했다.

언론에 나오는 소방관의 대체적인 모습은 검게 그은 얼굴에

198

물과 땀에 젖은 방화복을 입고 골목 구석이나 소방차 뒤쪽 한 귀퉁이에 앉아 컵라면을 먹는 모습이다. 화재 현장에서 힘들게 일하다 잠시 쉬는 시간에 허기를 달래는 어쩌면 당연하고 별거 아닌 장면일 텐데 사람들에게 보이는 소방관의 상징적인 모습일지도 모르겠다. 그래서 그런지 내가 만난 많은 사람은 소방관에 대한 인식이 '측은지심' 같은 거였다.

"아이고…. 그렇게 힘든 일을 하시니 얼마나 고되겠어요?"

싫다는 뜻이 아니다. 진심으로 우러나오는 선한 마음과 소방관을 존중하는 고마움을 충분히 알 수 있다. 다만 소방관이 가지는 본질적인 이미지와는 다소 거리가 있다고 말하고 싶다. 소방관의 주된 임무는 '국민의 생명을 재산을 보호하는' 것이다. 소방관은 자신을 몸을 위험 속에 던져넣고 타인의 안전을 확보한다. 이타적인 직업임과 동시에 위험한 일이다. 이런 소방관이 사람들의 눈에 비치는 모습은 가엾거나, 가슴 아픈 모습이 아니라 든든한 모습으로 봐줬으면 하는 바람이다. 물론 위험한 현장에서 일을 마치고 나오는 모습을 보면 안타까운 모습일 수도 있겠다. 하지만 그런 소방관의 모습은 어쩌면 당연하다. 몇 시간을 불과 연기와 싸우고 나오는 소방관의 모습이 말끔할 수는 없을 테니 말이다. 그렇다 하더라도 그런 애틋한 모습조차 소방관만이 보여줄 수 있는 멋있는 장면이 되었으면 한다. 온몸에 숯 검댕을 묻힌 채 식당 안으로 들어가 배를 채울 수가 없다. 길바닥에서 둘러앉아 컵라면을 먹더라도 우리를 바라보는 마음이 안타깝지 않았으면 한다. 산 같은 불길과 얼음 같은 물속이라도 기꺼이 들어가는 강한 사람들이 바로 소방관이다. 혹여 언제라도 주변에 소방관과 만나 이야기를 나눌 일이 있다면 기쁜 얼굴로 그저 고맙다는 말 한마디라면 우리는 마치 세상을 다 얻은 듯한 기분을 가질 수 있으리라 믿는다.

언젠가 부산 강서구에 있는 한 초등학교에 물놀이 안전에 관한 강의를 다녀온 적이 있다. 초등학교 저학년 정도의 아이들 수십 명을 상대로 커다란 강당에서 여름철 물놀이를 갔을 때 안전에 대비하는 교육을 했다. 조막만한 아이들이 줄 맞춰 앉아 내 이야기를 얼마나 잘 들어주는지 말하는 내내 그렇게 마음이 기쁠 수가 없었다. 그보다 더 즐거웠던 것은 아이들의 질문을 받을 때였다.

"아저씨는 왜 소방관이 되었어요?"
"불 속으로 들어가면 뜨거운가요?"
"소방차를 타고 빠르게 달리면 기분이 어때요?"

아이들의 질문은 대단할 것도 없는 어려운 질문이 아니었다. 하지만 난 선뜻 대답하지 못했다. 매우 단순하고 쉬운 질문을 힘겹게 대답했다. 강의를 마치고 돌아오는 길에 잠시 고민에 빠졌다. 결국, 소방관이라는 직업을 가지고 일을 하면서 스스로 내 일을 힘들게만 여기지 않았는지 생각이 들었다. 나 역시 누군가의 아빠, 남편, 친구다. 생계를 위해 그저 맡은 일을 열심히 하며 살아가는 직장인이다. 두렵고 힘든 일이지만 지금까지 내 일을 무겁게만 바라보진 않았을까? 어쩌면 소방관을 측은히 바라보는 시민들의 시선이 내가 나를 바라보는 시선이었을지도 모르겠다. 아이들처럼 그저 이웃을 지켜주는 든든한 소방관 아저씨 그 이상, 그 이하도 아닌 모습으로 보이는 것이 맞을 텐데 말이다.

최초의 소방서는 조선시대 세종대왕이 만든 '금화도감'이다. 당시 목조건물이 주를 이루었는데 관청과 주요시설에 화재가 빈번하니 그런 일을 주관하는 관서를 만든 것이다. 하지만 금화도감은 단순히 화재를 예방, 진압하는 일만 한 것이 아니었다. 화재로 집을 잃고 시름에 빠진 백성들에게 곡식을 나눠주고 지낼 거처도 마련해주었다고 한다. 현대의 소방이라는 일도 이와 같지 않을까? 소방관이라면 대한민국 국민 누구라도 힘들 때, 어려울 때 곁에 있어 주는 이웃과 같은 직업이 되어야 한다고 본다.

소방관이 겪는
직업병이 있나요?

어느 직업이나 매일 반복되는 일을 하다 보면 그런 일이 가지는 특유의 어려움이 있기 마련이다. 내 아버지는 반평생 운전을 하셨다. 가족의 생계를 위해 트럭운전과 버스운전을 당신 삶의 업으로 여기고 수십 년 같은 일만 하셨다. 그러다 보니 이런저런 직업병이 생겼다. 우선 양쪽 발목이 안 좋다. 왜냐면 버스는 수동으로 변속기를 조정하는데 왼발로 클러치를 밟고 오른발로 가속 페달이나 브레이크를 밟기 때문이다. 커다란 버스 운전대를 매일같이 돌리다 보니 어깨 질환도 있다. 육체적인 것뿐 아니다. 운전이라는 것이 위험을 동반하는 일이다. 승객을 태우고 장시간 운전을 하다 보니 교통수단에 있어 매우 민감한 반응을 보인다. 가끔 내가 운전하는 차를 타고 어디라도 가게 되면 차를 타고 내리는 순간까지 끊임없이 주의를 기울이며 나에게 말을 한다. 조심하라는 말이 대부분이지만 과하다 싶을 만큼 신경을 쓰는 것을 보니 한평생을 운전하며 안전에 대한 습관이 몸에 배 그런 것이 아닌가 한다. 직업병이라는 것이 이렇듯 몸과 마음으로 깊게 남아있는 것이다.

소방관이라고 왜 그렇지 않겠는가? 수없이 봐온 사고 현장에서 겪는 몸과 마음의 시달림은 때론 아무리 귀한 직업의 소명이 있어도 다 던져버리고 싶다는 생각이 들 때도 있다. 개인의 차이가 있을 수도 있겠지만 거의 편하게 일한다고 할 수 없는 것 또한 소방관의 삶이다. 대표적인 직업병이라면 외상후 스트레스 증후군을 들 수 있다. 끔찍한 사고 현장에서 활동하거나 심하게 부패하거나 손상된 죽은 이의 모습을 보고나면 쉽게 잊히지 않는다. 특히 같이 일하는 동료의 죽음은 소방관들에게 지울 수 없는 고통과 괴로움을 남긴다. 또 내자식과 같은 어린아이의 죽음도 심한 트라우마로 남는다. 이런 심리적, 정신적 고통은 많은 소방관을 여전히 힘들게 하고있다. 소방관의 심리적 고통이 제대로 관리되어야 하는데 이런 일도 쉽지만은 않다. 2021년 한 언론사의 조사에 따르면 '제도적으로 소방관의 스트레스, 트라우마 관리가 제대로 이뤄지고 있는가'라는 질문에 전체 응답자의 33.8%[377명]가 '아니요'라고 답했다고 한다. 또 이 중 48.8%[184명]는 가장 큰 이유로 '지원 프로그램의 다양성 및 지속성 부족'을 꼽았고, '정신질환에 대한 조직 내 부정적 시선'이라고 답한 이도 377명 중 34.5%[130명] 라고 한다[서울신문, 2021년 8월 29일 자 기사 인용].

특히 나는 소방관이 겪는 정신질환에 대해 조직 내 부정적 시선이 있다는 것이 가장 마음 아프다. 우리 스스로 소방관의 심리적 고통에 대해 인정하지 않으니 괴로운 자신의 마음을 어디에 말하기가 여간 힘든 게 아니다. 누구보다 서로의 마음을 같이 보듬어야 할 동료들에게 오히려 진심을 감추어야 하는 서글픈 현실이다. 이런 현상은 소방관은 무조건 강해야 한다는 오래된 통념이 조직 내에 여전히 남아있기 때문이다. 미국 등 선진국의 소방관들은 마치 감기에 걸리면 동네 의원에 들러 처방을 받듯 수시로 심리상담을 받으며 자신의 정신건강을 챙긴다. 그들이 이런 모습은 매우 자연스럽다. 하지만 우리나라의 보편적 정서는 정신과 진료라도 받으면 '정신병'이라는 부정적 시선이 모인다. 소방관의 심리적 문제는 어제오늘 일이 아니다. 과거에 비해 크게 개선되었지만, 정신적인 문제에 대한 시선은 더 달라져야 한다.

그 외에도 육체적 직업병도 당연히 따른다. 구급대원들은 만성 허리질환에 시달린다. 환자를 들것에 싣고 이송을 할 때마다 허리에 큰 무리가 따른다. 화재진압대원이나 구조대원들은 화재 현장에서 흡입하는 연기에 노출되다 보니 알 수 없는 질환도 발병한다. 개인보호장비 착용이 그래서 아주 중요한데 그렇다 하더라도 수없이 노출되는 위험한 환경에서 소방관 몸을 온전히 보호하기엔 어려움이 있다.

Q2

소방관으로서 받는
스트레스가 있나요?

소방관도 직장인이다. 일정한 노동을 제공하고 대가로 급여를 받는다. 그러다 보니 여느 직장인과 크게 다르지 않은 스트레스를 받는다. 직장인이라면 누구나 갖는 애환이나 크고 작은 어려움도 있다. 이러한 부분을 먼저 언급하는 이유는 소방관이 일하는 조직 역시 사람과 사람이 모여 있는 곳이고 다양한 목표를 이루기 위한 집단이기 때문이다. 다르다고 한다면 개인이나 조직의 어떠한 이익을 위하는 것이 아니라, 공공의 안녕을 목적으로 하는 국가기관이라는 점이 다르다.

일터라는 곳이 대다수 그렇듯 개성이 서로 다른 사람들이 모여 있다 보니 일을 하다 보면 마찰이 생길 수밖에 없다. 특히 소방이라는 조직은 계급으로 이루어져 있다. 군인, 경찰과 같이 제복 공무원이며 어깨에 해당 계급을 표시하는 계급장이 달린다. 그래서 다소 경직되어 있고 때론 보수적인 직장 문화가 있는 것도 사실이다. 상명하복이라고도 표현할 수 있지만 절대적이진 않다. 다만 군대 같지는 않더라도 지휘를 하는 리더와 따르는 구성원 사이에 수직적 문화는 존재한다. 나쁘게만 볼 수는 없다. 소방관이 일하는 위험한 현장에서 수직적 지휘체계는 어느 정도 필요하다. 의사결정의 신속성과 지휘

전달의 통일성이 유지되어야 현장 활동이 제대로 이루어지기 때문이다. 하지만 때론 이런 계급체계는 개인의 개성이 무시당한다거나 창의적인 아이디어가 빛을 잃을 수도 있기에 개선되어야 할 부분도 있다.

그 외에도 공무원 신분인 소방관은 소위 '민원'에 마음의 상처를 받는다. 열심히 현장 활동을 하고도 가끔 몰지각한 사람들은 소방관을 탓하는 경우가 있다. 대표적인 것이 구급대원에 대한 횡포다. 다치거나 아픈 사람을 응급조치하고 병원으로 이송하는 과정에서 무엇이 마음에 들지 않았는지 구급대원에게 폭언 또는 폭행까지 일삼는 일이 있다. 특히 술에 취한 사람들의 위험한 언행이 수그러들지 않는다. 구급대원은 공무원이라는 신분에 적극적인 대처를 하기에도 몸이 선뜻 나서지 않는다. 여자 구급대원들의 경우는 신변에 심각한 위협을 받기도 한다.

때론 악성 민원에 시달리기도 한다. 소방관은 국민과 직접 부대끼는 활동을 한다. 그래서 사소한 오해가 생길 수 있는데 소방관의 작은 실수를 약점 삼아 끊임없이 문제 삼는 일도 있다. 예를 들어 구조대원은 집 안에 가족이나 친구가 연락이 되지 않는다는 신고를 받고 문 개방 출동을 한다. 잠겨진 문을 열기 위해서는 결국 문을 파괴해야 하는데 소방관은 최대한 문의 손상을 줄이기 위해 노력하며 파괴를 한다. 그런데 신고인이나 그의 가족들은 부서진 문을 변상해 달라고 말을 하기도 한다. 난감한 일이다. 물에 빠진 사람 구했더니 보따리 내놓으라는 격이다. 그래서 문 개방 출동에는 경찰이 동행한

다. 차후 생길 수 있는 분쟁을 위해 경찰과 함께 문 개방 파괴
에 대해 정확히 알리고 구조를 한다.

주기적으로 심리검사나
체력검사를 받나요?

구조대의 팀장이 되고 나서 우리 팀 후배들에게 강조하는 것이 하나 있다. 소방관은 프로페셔널해야 한다는 것이다. 다소 모호한 말일 수도 있지만 난 소방관을 가끔 프로야구나 프로축구 선수에 비교한다. 이유는 단순하다. 자기관리를 강조하기 위해서다. 선수 자신과 팀을 응원하는 팬들에게 최고의 경기력을 보여주기 위해 프로스포츠 선수들은 철저한 자기관리를 한다. 그들의 몸은 단순한 육체가 아니다. 팬들이 열광하는 극강의 퍼포먼스를 보여주는 하나의 브랜드이자 상품이다. 그래서 사회에 끼치는 영향도 상당하다. 팬들의 사랑을 받는 선수들은 '공인'으로 칭한다. 가끔 사회적 물의를 일으키는 프로선수들이 혹독한 여론의 질타를 받는 이유가 그렇다. 소방관을 이런 프로선수와 비교하는 것은 힘들겠지만 적어도 프로선수와 같은 자세가 있어야 한다고 본다.

자기관리 중에서도 소방관의 몸과 마음은 개인으로 보자면 중요한 돈벌이 수단일 테고, 소방관의 도움을 기다리는 사람들의 처지에서 보자면 자신의 목숨을 구해줄 고마운 존재다. 그러다 보니 소방관은 다른 직업보다 조금은 체계화된 건강관리를 받는다. 1년에 두 번 건강검진을 한다. 건강검진은 개인의 건강상태와 병적 현상을 철저히 추적한다. 특히 소방관들에게 많이 발생할 수 있는 근골격계 질환에 대해 MRI 같은 고가의 검진을 포함하여 모든 건강검진은 무상으로 제공된다. 아니나 다를까 한 선배는 이러한 검사를 통해 위암을 조기 발견하여 완치했고 지금도 건강히 근무하고 있다. 정신건강에 대해서도 관리는 이루어진다. 전 직원을 대상으로 하는 심리상담은 주기적으로 이루어진다. 특히 현장 활동을 하는 직원들에게는 전문 상담사가 1:1로 상담을 하며 힘든 점을 듣는다. 다만 앞서 밝혔듯이 심리적 문제는 다양한 이유로 인하여 밝히기 힘든 부분이 있다. 그래도 끔찍한 사고나 동료의 죽음 등 심각한 정신적 충격이 예상되는 현장 활동을 한 직원들에 대해서는 즉시 심리상담이 이루어지고 기록을 유지한다.

소방관의 체력평가는 1년에 한 번 한다. 왕복달리기, 배근력, 제자리멀리뛰기, 윗몸일으키기, 악력, 유연성 등 신체 전반에 대한 체력적인 수치를 평가한다. 소방관의 체력은 곧 현장 활동과 직결되기에 소방관들은 체력평가를 소홀히 할 수 없다. 또한, 승진에 필요한 점수에도 반영된다. 다만 나이에 따라 일종의 보정치를 부여한다. 20대의 젊은 소방관과 50대의 소방관과의 체력 기준이 같을 수는 없기 때문이다. 하지만 적어도 대한민국 소방관은 같은 연령대의 다른 직업군의 사람에 비해 분명 강한 체력을 가지고 있다고 자신한다.

Q4
소방관도
불이 무섭나요?

갓난아이가 조금 자라서 아장아장 걸을 때쯤이면 눈에 보이는 무엇이든 신기하게 생각해서 만져 보거나 입에 가져가 본다. 그러다 보니 혹시 아이에게 위험한 물건은 부모가 미리미리 치워놓는다. 특히 부모가 식탁에 식사를 차려놓을 때 혹여 아이가 뜨거운 국을 담은 그릇을 만지기라도 하면 아이는 그릇 표면의 뜨거움에 놀라 그만 울음을 터뜨리고 만다. 그리고 다시는 뜨거운 그릇을 만지지 않는다. 뜨겁다는 것에 대한 무서움을 난생처음 겪어봤기 때문이다. 불은 뜨겁다. 누구나 뜨겁다는 것이 내 몸에 얼마나 위험한 것인지 본능적으로 느낀다. 살고자 하는 본능이다. 소방관은 뜨겁다 못해 활활 타오르는 불 속으로 들어간다. 살기 위해 모두가 피하는 뜨거움을 소방관은 피하지 않는다. 아니 피할 수 없다. 왜 두렵지 않겠는가? 시뻘건 불길이 활활 타오르고 시커먼 연기가 마구 분출되는 그곳에 들어가 또 불과 연기를 진압한다는 것이 보통 일은 아니다. 당연히 두렵고 때론 머리카락이 쭈뼛 설 만큼 공포를 느끼기도 한다. 하지만 이런 두려움을 상쇄시키는 것이 세 가지가 있다. 바로 훈련, 장비, 동료다.

화재 현장에서의 불길은 마치 살아있는 그 무엇과 같다. 이곳에서 저곳으로 마구 움직이기도 하고 소방관이 뿌리는 물을 피해 도망가기도 한다. 다 꺼진 거 같았다가도 다시 살아나며 때론 불타는 소리를 기괴하게 내기도 한다. 이런 불과 맞서기 위해 훈련을 한다. 특히 불의 움직임을 체계적으로 분석해서 소방관이 불 속에서도 비교적 덜 위험하게 활동할 수 있게 한다. 가령 불이 크게 타오르는 최성기 때에는 될 수 있는 대로 진입을 하지 않거나 우회, 엄호 진압을 하며, 때론 불이 가장 좋아하는 산소를 차단하기 위해 문이나 창문을 닫아 버린다. 불에 대한 성격을 파악한 훈련을 소방관들은 충분히 하여 위험에 대비한다. 다음은 장비다. 소방관의 몸을 화염으로부터 보호하는 방화복과 자욱한 연기 속에서도 숨을 쉴 수 있는 공기호흡기는 소방관의 필수장비다. 이런 보호장비는 적어도 뜨거움의 공포를 최소화해주며 소방관의 육체를 불에 맞서게 한다. 무엇보다 중요한 것은 동료다. 불 속에서 함께 숨 쉬며 서로를 돌봐주는 동료가 있기에 기꺼이 위험 속으로 같이 들어간다. 동료는 나를 살리고, 나는 동료를 살린다. 불은 두려운 존재가 맞지만, 동료가 있기에 두렵지 않다.

하나 더 말하고 싶은 것은 불과 함께 생기는 연기에 대해서다. 숨을 쉬어야 살 수 있는 인간에겐 불보다 더 두려운 존재다. 시커먼 연기를 한 모금이라도 마시는 순간 숨이 멎는다. 이름도 모를 온갖 독성물질이 연기 속에 가득하다. 실제 화재로 인하여 사망하는 사고에 있어 화염에 의한 사망보다 연기에 의한 질식 사망이 더 많다. 그래서 소방관들도 연기 속에서도 숨을 쉴 수 있는 공기호흡기를 가장 중요한 장비로 취급한다.

Q5
소방관이 되기 전과
되고 난 후 다른 것이 있나요?

소방관 시험에 합격하고 난 후 가장 좋아했던 사람은 나의 부모님이다. 자식에게 일할 수 있는 직장이 생겼다는 것에 크게 기뻐했다. 거기다가 나라가 망하지 않는 한 직장을 잃을 일이 없는 공무원이니 더 좋지 않았을까 한다. 나 역시 마찬가지다. 나에게 좋은 직장이 생겼구나 하는 매우 현실적인 감격이 밀려왔다. 사실 소방관으로서 일을 해보기 전이었으니 이런 생각은 당연했다. 그런데 소방관으로 임용되고 실전에 배치되어 일을 해보니 단순히 먹고사는 일의 문제가 해결되었다고 좋아할 일이 아니었다.

매일같이 사고 현장으로 출동을 나가보니 나도 모르게 삶에 대한 인식이 달라지기 시작했다. 특히 사람이 살아가는 데 있어 중요한 것이 무엇인가를 나름 고민했다. 당장 멀쩡한 사람도 갑자기 들이닥치는 사고로 목숨을 잃을 수 있음을 수없이 보았다. 대단한 철학을 가지게 된 것도 아니고 특별한 무언가를 깨우친 것도 아니었다. 그저 내가 사는 지금, 이 순간이 얼마나 중요한지 알게 되었을 뿐이다. 매일 반복되는 일상의 소중함이 눈에 띄기 시작했고 나를 둘러싼 모든 것에 감사함을 느끼기 시작했다. 나를 아껴 길러주신 부모님에 대한 고마움을 새삼 느꼈고, 나를 믿고 평생을 같이하는 아내와 딸아이에게 고마웠다. 같은 일을 하는 동료의 소중함이 얼마나 큰지 깨달았고 또 감사했다. 사람뿐만 아니었다. 당장 숨 쉴 수 있고, 걸을 수 있고, 볼 수 있는 건강한 몸에도 감사함을 느낀다. 뜨거운 화재 현장이나 차가운 물속을 들락거리다 보니 숨 쉬고 살아간다는 것이 얼마나 축복인지 알게 된 것이다.

세상 만물이 모두 소중하게 보인다. '그냥 보니 풀인데 가까이 가보니 꽃이더라'라는 글을 어느 책에선가 보았다. 소방관이 되고 나서 변화된 나의 마음을 가장 잘 표현한 문장 같다. 사람이 살아가는 인생에 있어 무엇 하나 귀하지 않은 것이 있을까? 매일 마시고 숨 쉬는 공기의 소중함을 모르고 살아가듯 우리는 주변의 감사한 것들에 대한 인식을 못 하며 살아가고 있는듯하다. 큰돈을 벌고 성공해서 명예로운 삶을 사는 것도 좋겠지만 그저 나에게 주어진 오늘 하루를 함께하는 사람과 세상 만물에 감사하는 마음으로 삶을 충실히 살아가는 것. 소방관이 되고 나서 그런 것이 얼마나 아름다운 삶인지 조금, 아주 조금 알게 되었다.

3 소방관으로 살아가기

꿈을 꾸었다. 커다란 성당에 많은 사람이 모여 있었다. 연미복을 반듯하게 차려입은 남자들과 형형색색 아름다운 드레스를 입은 여자들이 빼곡히 들어차 있었다. 성대한 결혼식이 열리는 듯했고 나는 어디쯤 서 있는지 알 수 없었다. 내 눈앞에 보이는 광경이 그러하다는 것쯤으로만 느껴질 뿐이었다. 얼굴을 알 수 없는 신랑, 신부가 수많은 하객 사이로 걸어 나와 맨 앞에 섰다. 혹여 신랑, 신부의 얼굴이 내가 아는 사람일까 한참을 뚫어지게 쳐다보았다. 하지만 당최 누군지 알 수 없었고 그래서 더 내가 왜 이 결혼식에 와 있는지 궁금해졌다. 그때였다. 사람들이 웅성거렸다. 정확한 위치를 알 수 없었지만, 바닥에서 연기가 피어올랐다. 누군가 외쳤다.

"불이야!"

누가 먼저랄 것도 없이 뒤쪽의 큰 문으로 사람들이 쏠려갔다. 난 무슨 일인가 싶어 바닥을 보니 하얗고 뽀얀 연기가 마룻바닥 사이로 피어오르고 있었다. 그러기를 잠시, 이내 틈새로는 시뻘건 불꽃이 세차게 뿜어져 나왔다. 뭐라 뭐라 소리 지르며 누군가를 찾았지만, 주위엔 아무도 없었다. 겁이 덜컥 났다.

마룻바닥 아래로 내려가야만 했다. 그래야만 했다. 무작정 아래로 내려갔다. 계단인지 통로인지 알 수 없는 곳을 지나 내려가니 내 키만 한 화로에서 불이 활활 타오르고 있었다. 불은 바짝 마른 성당 마루로 번지고 있었다. 심장이 두근거렸고 마른침이 연신 삼켜졌다.

"관창이랑 호스……. 그리고 물은……. 어딨지? 물이 있어야 해! 물!"

소화전이 어디에 있을법했지만 오래된 성당엔 보이지 않았다. 소화전 찾기를 포기했다. 불이 번지는 속도가 빨라지고 사람들은 비명을 질렀다. 다시 위로 올라가 성당 커튼을 뜯었다. 왜 내가 이런 일을 겪어야 하는지 계속 의문이 들었고 현실이 아니기를 바랐다. 커튼을 바닥에 질질 끌며 다시 그 화롯불 앞으로 간 나는 널따랗게 커튼을 펼쳐 화롯불을 덮었다. 덮어진 커튼 아래로 연기가 마구 새어 나왔다. 언뜻 보기에 불은 꺼져가고 있었다. 나는 안도했고 한숨도 쉬었다. 근데 그것도 잠시…. 널따란 커튼이 붉은 화염에 휩싸이기 시작했다.

"이런…."

뜨거운 기운이 순식간에 온몸을 뒤덮었고 순간 나는 낮은 비명과 함께 몸을 움츠렸다. 눈을 뜨니 두꺼운 이불 속에서 웅크린 채 땀을 뻘뻘 흘리고 있었다. 웬일인가 싶어 이불을 제치고 주위를 보니 시계가 새벽 5시 30분을 가리킨다. 일어날 시간이다. 오늘은 일요일이지만 출근을 한다. 출근길에 한참 생각하다 보니 끝내 끄지 못한 꿈속의 불이 마음에 걸린다. 소화전을 찾지 못한 것이 아쉽게 느껴진다. 불 꿈이 무슨 의미인지는 잘 모르겠으나 해몽보다 불 끄지 못한 내가 자꾸 부끄럽다. 아니면 구조대원답게 사람들을 대피시키는 것이 우선이었을지도 모른다는 생각도 든다. 꿈이라는 것이 어차피 내가 처한 현실이 비추어진다는 것일 텐데 그곳에서 일을 제대로 하지 못한 거 같아서 그게 속상했다. 자신의 직업이 꿈속에 나오는 것이 어쩌면 자연스러울 수도 있겠다. 하지만 꿈속에서 나타나는 나의 일^{job}은 자못 심각하다. 어떨 땐 동료를 잃기도 하고 때론 가족이 죽어가는 것도 본다. 내가 피를 흘리며 사고를 당하기도 한다. 혹여 꿈에서 먼저 간 동료를 만날 땐 기뻐 어쩔 줄 모르다가 꿈에서 깬 후 또 얼마나 울었는지 모른다. 현실이 꿈같고 꿈이 현실같이 느껴진다. 그래서 그런 것인가? 잠을 이루지 못하는 소방관이 많다는 조사를 어디선가 보았다. 실제 부산소방재난본부 심리지원단의 설문조사 결과 부산시 소방공무원의 40% 정도가 불면증에 시달린다고 한다2020년 통계.

사무실에 출근하여 동료들에게 꿈 이야기를 해줬더니 불 꿈은 길몽이라며 좋다고 한다.

'좋다고?'

쓴웃음이 나왔다. 꿈이라서 그렇지 현실이라면 정중히 사양하겠다. 아무리 불 속에서 나뒹구는 게 소방관 팔자라지만 꿈에서 또 화재를 만나기는 싫다. 그것도 결혼식에 참석한 하객

216

으로 갔다가 말이다. 그렇다. 아무리 소방관이라지만 어찌 불 나고 물에 빠지는 사고가 두렵지 않겠는가? 그런데 참 아이러니하게도 소방관의 현실은 꿈같은 일이 벌어진다. 결혼식에 다녀오던 새내기 소방관이 터널에서 불붙은 트럭을 터널 소화전을 이용해 끄기도 하고, 수영장에서 운동하던 또 다른 동료는 심장마비로 쓰러져 죽음 직전까지 갔던 할아버지를 심폐소생술로 다시 살렸다. 아무리 직업적 사명감 투철하고, 단단한 심장이 탑재된 소방관이라고 하더라도 불을 막아주는 방화복도 없이 터널 차량 화재를 초기 진압하기 위해 자신의 몸을 던지기는 쉽지 않다. 불현듯 쓰러진 노인의 심장을 다시 살리기 위해 사력을 다한 내 동료는 혹여 살리지 못했다면 뭇 사람의 구설에 시달릴 수도 있었다. 혹자는 이렇게 얘기한다. 굳이 나서지 않아도 되지 않느냐고.

나는 그들이 소방관이기 때문에 그렇게 했다고 말하고 싶지 않다. 내 꿈속의 불이 무서웠고 그런 일이 현실에 생기지 않기를 바라는 마음이 진심이듯 그냥 '아무 일도' 일어나지 않기만을 바라는 것이 인지상정이다. 대신 사고를 눈앞에서 보고 몸을 기꺼이 그곳으로 던지는 용기는 소방관이 아니더라도 충분히 발현될 수 있는 인간의 선한 본능이라 말하고 싶다. 우리는 이미 그런 일을 수없이 봐왔다. 물에 빠진 아이를 구해주는 동네 아저씨, 배고픈 아이에게 빵을 건네는 편의점 아르바이트생, 길잃은 강아지를 보살펴 주인을 찾아주는 어린 초등학생…. 우리가 사는 세상에는 타인을 위해 자기를 희생할 줄 아는 마음이 아직도 충분히 있다고 생각한다. 모질고 무서운 이야기만 뉴스거리가 되어서인지는 모르겠지만 눈에 띄지 않더라도 우리가 살아가는 여기저기에서 봉사와 희생은 계속되고 있다. 어쩌면 소방관으로 살아가는 나 같은 사람이 가지는 직업적 소명은 사람이라면 누구에게나 가지고 있을 선한 마음일지도 모르겠다. 쉬는 날 우연히 사고를 목격하고 타인을 구한 나의 동료들은 내가 아닌 다른 사람을 위한다는 본능에 더해 소방관의 직업의식이 합해졌다. 물론 불을 끄고, 심장을 살리는 기술을 익혔기에 조금은 더 자신이 있었을 것이다.

소방관으로 살아간다는 것은 어쩌면 감당하기 힘든 현실과 싸우는 고난의 길일 수도 있고, 때로는 타인을 위해 희생한다는 고귀한 길일 수도 있을 것이다. 뭐가 되었든 나는 이 일을 사랑한다. 그것은 내가 소방관이기에 누군가를 도울 수 있어서가 아니라, 누군가를 도울 수 있는 소방관이기에 그렇다. 그리고 비록 꿈속에서 불을 보고 소스라치게 놀라 깨어나는 나약한 인간이지만 다시 그 꿈속으로 간다면 이제는 제대로 불을 꺼보겠노라고 다짐하는 한 사람의 소방관이 되고 싶다.

Q1
매일 긴장하며 살아가야 하는 것에
부담은 없나요?

야간 출근을 하고 주간 팀과 교대를 하고 나면 종일 고된 일을 하고 퇴근하는 나의 동료들은 나에게 말한다.

"긴 밤 보내길⋯."

긴 밤은 밤새 출동이 없기를 바라는 소방관들의 마음이 담긴 일종의 은어다. 예지 능력이 있지 않고서야 앞으로 일어날 일을 어떻게 알겠느냐만 그래도 동료들이 근무를 앞둔 나를 걱정해주는 마음이 고맙다. 하지만 출동대기를 하며 밤을 맞는 나의 마음은 또 다르다. 사실 매 순간 긴장하며 보내지는 않는다. 소방관이 출동을 즐겁게 기다릴 일이야 없겠지만 그렇다고 가슴 졸이며 앉아 있지는 않다. 그저 평범한 일상인 듯 일과가 시작된다. 현장 출동의 일은 불시에 닥치지만 다른 업무는 이왕 연속이기에 굳이 출동의 긴장을 항상 껴안고 있을 필요가 없다. 그리고 동료들과 함께하는 시간이 있으므로 별다른 업무가 없으면 운동도 하고 책도 읽으며 심신을 단련한다.

때론 긴장이 연속일 수도 있다. 사고가 장기적으로 이어지는 경우가 그렇다. 내가 근무했던 수상구조대는 강물에 몸을 던져 실종되는 사람들이 더러 있었다. 당장 눈에 보이는 사고야 현장에서 처치하고 종결할 수 있지만, 실종사고는 장시간 수색을 해야 하는 고된 일이다. 그래서 긴장을 쉽게 풀기 힘들다. 매일 일정 시간 수색을 나가는 일도 그렇지만 혹여나 수색하지 않는 동안에 다른 사람에게 발견은 되지 않을까 촉각을 곤두세운다. 우리 마음이 이러한데 가족의 심경은 오죽하겠는가? 잃어버린 사람의 생사는 둘째치고 몸이라도 성할 때 제발 찾아달라며 애원을 한다. 그런 마음을 고스란히 알고 또다시 물길을 헤쳐 사람을 찾지만, 번번이 실패할 땐 그야말로 속이 타들어 간다. 그러다 몇 날 며칠이 지나 죽은 자의 육신이 떠올라 수습하고 나면 온몸의 힘이 빠지는 느낌이다. 사연은 알 수 없으나 세상을 등진 사람에 대한 애도와 울부짖는 가족의 모습에 또 한 번 쓰린 마음을 애써서 달랜다.

크건 작건 긴장하지 않는 사고는 없다. 낮이라고 해서, 밤이라고 해서 사정 봐가며 불이 나는 것도 아니다. 주말이건 휴일이건 출동 벨은 늘 울린다. 그러려니 하면서도 출동 벨 소리엔 본능적으로 몸은 뛰어나가는 것이 소방관이다.

221

Q2
기억에 남는
사건 사고가 있나요?

15년 남짓 이 일을 하며 겪은 현장의 모습을 모두 기억에 담지는 못한다. 어떤 출동은 선명하게 남았지만 어떤 출동은 그런 일을 했나 싶을 정도로 손톱만큼도 생각이 안 난다. 대체로 현장에서 구조 작업을 잘하고 동료들과 팀워크가 좋았던 출동보다 실수하거나 잘 못했던 출동이 기억에 많이 남는다. 굳이 기록해놓지는 않지만, 현장에서의 행동 하나하나는 다음 출동 때 더 잘할 수 있는 연찬 자료가 되기에 가끔은 동료들과 기억을 빗대어 복기하기도 한다. 하지만 억지로 기억하고 싶지 않은 출동도 있다.

기장소방서 구조대에서 근무할 때다. 엄마가 자살한다고 하고 욕실로 들어갔다는 아이의 신고였다. 구조대 사무실과 같은 동네에 있는 작은 아파트였다. 신고한 아이가 사는 집은 1층이었는데 초인종을 누르니 아무 대답이 없었다. 이런 경우 아주 난감하다. 신고한 사람이 문을 열어주지 않는 건지 아니면 다른 2차 사고가 또 생긴 건지 알 수가 없기 때문이다. 더구나 신고자가 어린아이였다. 마음이 급하다. 나와 동료들은 집이 1층이라는 점을 고려해 창문이나 베란다 문을 강제 뜯어내고 들어갈 작전을 짜고 장비를 준비하고 있었다. 그때였다. 함께 출동한 구급대원이 다급하게 우리를 불렀다. 집 안에서 아이가 현관문을 열어준 것이다. 안에 있으면서 왜 문을 안 열었을까 하는 생각도 잠시 아이의 얼굴을 보니 사태의 심각성이 대략 느껴졌다.

아이는 초등학교 4, 5학년쯤 되어 보였다. 아이의 얼굴은 하얗게 겁에 질려 있었다. 더 놀란 것은 신고한 아이보다 더 어린 동생이 혼자 거실 바닥에 앉아 울고 있었다. 주변은 술병이 뒹굴고 있었고 금방까지 담배를 피웠는지 연기와 함께 담배꽁초도 바닥에 던져져 있었다.

"엄마는?"

아이는 나의 물음에 욕실 문을 손으로 가리켰다. 내가 눈빛으로 신호를 주자 함께 출동한 경찰문 개방 출동은 경찰이 동반 출동한다 이 욕실 문을 발로 강하게 차서 열어 재꼈다. 욕실 안에 한 여인이 있었고 한 손에 든 칼로 자신의 손목을 계속 긋고 있었다. 다행히 경찰이 여인에게서 칼을 뺏어 더 위험한 상황은 벌어지지 않았다. 자신의 손목을 그은 상처도 동맥을 절단할 만큼 깊게 들어가진 않았다. 문제는 아이들이었다. 두 아이는 자신의 엄마가 칼을 가지고 욕실로 들어가면서 절대 신고하지 말라고 했다고 한다. 하지만 큰아이는 매일 술에 취해 자살소동을 벌이는 엄마가 걱정되어 신고했다. 엄마가 자신의 손목을 칼로 긋는 장면을 두 아이가 모두 보았다. 난 두 아이의 눈을 가렸다.

더 크고 영화 같은 사고 현장도 겪었지만 내가 이 출동을 잊지 못하는 이유는 아이들 때문이다. 또래의 아이를 키우는 아빠로서 아이들이 상처받고 다치는 장면은 도저히 잊히지 않는다. 잊으려고 해도 그때 그 아이의 슬픈 눈이 자꾸 생각난다. 또 아이의 눈빛이 내 아이의 얼굴에 투영된다. 아이들이 받을 정신적 충격과 또 앞으로 어떤 일이 벌어질지 모를 만큼 불안한 가정환경이 걱정되어 며칠 동안 마음이 심란했다. 현장에서 아이들이 다치지 않아서 다행일지도 모른다는 생각도 들었다. 아이가 죽거나 심하게 다친 현장을 본 동료들은 나와 같은 트라우마를 호소하기도 한다. 별의별 사고를 다 봤지만, 여전히 아이들이 상처받는 현장은 힘들다. 그리고 잊히지도 않는다.

Q3

소방관의 정년은
어떻게 되나요?

만 60세가 되면 그만두어야 한다. 공무원 임용규정을 그대로 적용한다. 대충 계산해보면 20대 중후반의 나이에 임용된다면 30년 이상을 소방관을 일하다가 나간다. 가끔 정년퇴직하는 선배들을 보면 매우 존경스럽다. 한 직장에 평생을 몸담은 것도 그렇고 그분들이 처음 시작했을 시대의 소방의 열악한 환경이 어땠을까 하는 안쓰러운 마음도 들어서다. 말하지 못할 사연도 참 많지 않을까 하는 생각이 들면 괜히 눈시울이 붉어진다. 부산진구조대 시절 그렇게 떠나는 어느 선배님이 하신 말씀이 생각난다.

"안 죽고 살아있으니 이런 날도 오네요."

정년 퇴임의 소회를 농담처럼 한 말이지만 그분이 소방관으로 살며 떠나보낸 동료들 그리고 봐온 수많은 생사의 모습들이 저 한마디에 다 담겨있는 듯했다. 그리고 회한의 눈물을 보이던 그분의 모습이 현장을 떠나도, 떠난 것이 아닌 소방관의 삶이 아닐까 한다. 15년 전 내가 처음 소방관이 되는 임용식 때 축사를 해주던 소방본부장님의 말이 기억난다. 아무도 다치지 말고, 아무도 죽지 말고 동기들과 다 같이 정년을 맞으라는 그때의 말. 여전히 지켜지고 있고 15년을 더 지켜나갈 것이다.

일을 잘 수행하기 위해
노력하고 있는 것이 있나요?

"김강윤 씨에게 교육부 장관상을 수여하기로 했습니다."

휴대전화 너머로 들려오는 차분한 여성의 목소리에 난 한동
안 할 말을 잃었다. 고졸이라는 학력으로 소방사로 임용되어
10년 만에 4년제 학위를 받게 된 어느 날이었다. 학점은행제
라는 제도를 통해 5년 넘게 여기저기를 쫓아다니며 공부해
서 학위를 딴 것도 기쁜 일인데 교육부 장관상이라는 귀한 상
도 받게 된 것이다. 체육학을 전공했는데 혹여 함께하는 소방
관들에게 도움 되는 지식을 쌓을 수 있을까 하고 시작한 공부
였다. 직장인들이 자신이 다니는 회사에서 능력을 키우고 그
런 능력을 인정받으며 때론 그에 상응하는 가치를 만들어낼
때 상당한 보람을 느낀다. 소방관도 마찬가지다. 몇 가지만으
로는 논할 수 없는 광범위한 재난에 대비하는 소방업무에 있
어 소방관 개개인이 관심을 가지고 능력을 개발하는 자기만
의 분야가 있기 마련이다. 일을 잘하기 위한 노력은 소방 조
직 자체의 체계적인 교육프로그램과 더불어 소방관 한명 한
명의 개별적인 노력이 더해진다.

직원들을 대상으로 하는 소방 자체의 교육프로그램은 매우

다양하다. 화재, 구조, 구급 등 소방 본연의 임무는 물론이고 재난대응, 현장 통솔력, 장비 관리, 회계, 어학 등 없는 게 없다는 말이 맞을 만큼 무수한 교육이 연중 계속된다. 전국의 9개 소방학교에서 직원들을 대상으로 하는 전문교육을 연중 프로그램으로 마련해놓고 있다. 거의 자신이 속한 시도 또는 가까운 곳에 있는 소방학교에 원하는 교육이 있으면 신청을 하고 교육을 받는다. 멀리 있는 소방학교라도 여건이 되는 직원은 얼마든지 가서 들을 수 있다. 소방학교의 교육의 질은 높다. 직무와 관련된 전문교육 중에는 해외에서 도입된 선진 기술을 전수하기도 하고, 소방학교 교관들이 자체 개발한 양질의 프로그램도 있다. 대표적으로 우수한 교육프로그램 몇 가지를 소개하자면 다음과 같다.

- 실 화재 종합훈련(중앙소방학교)
- 전문 인명구조사(중앙소방학교)
- 소방 드론조종사(중앙소방학교)
- 소방안전교육사(서울소방학교)
- 수상구조사(부산소방학교)
- 해난구조·구급 과정(부산소방학교)
- 도시탐색구조(중앙119구조본부)
- 동계수난구조(중앙119구조본부)

이외에도 많은 직무 전문교육이 마련되어 있으며 또한 이런 전문교육을 이수하면 전산으로 기록되고 이러한 기록은 인사 점수에 반영되어 승진 심사 등에 적용된다. 조직 내 교육뿐만 아니라 직원 스스로 자기역량 발전을 위한 자격 취득 등에 대한 노력도 있다. 어떨 땐 자기 전문 분야가 아니더라도 열심히 노력해 능력을 인정받기도 한다. 내 동기는 화재진압대원으로 임용되었으나 구급 분야에 관심을 두고 취득하기가 어려운 응급구조사 1급 자격증을 딴 다음 구급대원으로 활약하고 있다. 이론과 실무를 두루 겸비한 그 친구는 심장이 정지한 환자를 포기하지 않고 살려내 1계급 특진도 하였다. 그 외에도 많다. 내가 몸담은 구조대에는 구조대원으로 채용되지 않았지만 강한 체력과 뛰어난 구조기술을 갖춘 화재진압대원, 구급대원들도 있다. 능력만 있다면 직무 분야는 중요하지 않다고 본다.

근학勤學이라는 말이 있다. 부지런히 공부에 힘쓴다는 단순한 두 글자다. 아마 사람은 늙어 죽을 때까지 공부를 게을리하지 않아야 할 듯하다. 물론 우리나라의 엄한 교육환경에서 공부가 주는 어감은 왠지 부담스럽다. 하지만 책을 보고 자기의 능력을 개발하는 일이 우리가 학창시절 하기 싫어하는 공부와는 다른 일임을 살면서 깨달았다. 배우고자 한다면 나이도, 계급도 크게 문제가 되지 않는다. 부산 시내 큰 도서관에 가면 어느 서 서장님부터 어느 안전센터 막내 대원까지 책을 펴놓고 공부하는 모습을 어렵지 않게 만날 수 있는 것도 근학의 실천이 아니겠는가?

Q5
소방관으로서
이루고 싶은 목표가 있나요?

노량진 수험생 시절, 소방관만 되면 더는 걱정이 없을 줄 알았다. 많지는 않겠지만 꼬박꼬박 나오는 월급에 어쨌든 저쨌든 내 몸 하나만 건사하면 평생 먹고살 걱정이야 하겠느냐는 생각이었다. 당연히 수험생으로서 소방관 임용시험 합격만이 유일한 목표였고 지상과제였다. 소방관만 되면 그냥 주는 월급만 받고 일하며 그저 그렇게 대충 술이나 마시며 즐기면서 살면 되는 줄 알았다.

부산에서 가장 출동이 많다는 부산진소방서 구조대에서 철없는 막내 시절을 보냈고, 소방학교에서 교관을 하며 후배, 동료들을 교육했다. 그 후 대형재난, 특수재난 전담부서인 특수구조단에서만 8년 넘게 근무했고, 다시 소방학교로 돌아와 구조 분야 전임교수로 일하고 있다. 중간에 2년 정도 기장소방서 구조대에서 근무한 시간을 빼면 소방서 생활의 절반을 특수재난과 교육 분야에서 일한 셈이다. 그중에서도 물에서 일어나는 사고 즉, 수난구조 분야에 집중했다. 불 끄는 소방관이 물에서 나는 사고만 연구하고 있으니 구색이 안 맞는 듯도 하겠지만 사람 목숨 구하는 일이 어디 장소 봐가며 하는 일은 아닐 테니 불이든 물이든, 산이든, 바다든 119구조대원이 하지 않는 일은 없다.

고집스럽게 수난구조에만 전념했다. 주변 사람들은 해군 특수부대 UDT를 전역했기에 물가에서 하는 일을 즐겨한다고 보겠지만 딱히 그런 것도 아니다. 고백하건대 UDT 시절 물을 그렇게 좋아하지는 않았다. 지금은 죽고 못 사는 스쿠버다이빙도 소방관이 되고 나서 제대로 다시 배웠다. 따져보자면 소방학교 시절 내가 만난 멘토 때문이라고 할 수 있다. 2011년 부산소방학교에서 진행된 '국제공인 수난구조 교수 요원 양성과정'이라는 거창한 타이틀의 교육에 미국의 수난구조 전설 '조지프 마크리'를 초청하여 그를 사사한 후 수난구조에 운명을 걸어보기로 했다. 30년이 넘는 나이 차이에 푸른 눈의 백인 노인이었던 그는, 나에게 많은 것을 가르쳐 주었다. 더 나아가 수난구조라는 분야에서 가져야 할 철학, 비전, 기술, 이론 등 어디서도 들을 수 없는 소중한 것들을 전수하였다. 감히 그를 내 삶의 멘토로 삼고 여전히 그에게 조언과 가르침을 받고 있다. 특히 그가 나를 가르쳤던 것처럼 나도 누군가를 가르치는 일을 귀하게 여기고 있다. 수난구조에 필요한 수많은 지식과 경험을 축적하며 함께 하는 후배들에게 그와 같은 멘토가 되는 것이 나의 목표다.

2021년 소방청이 국회에 제출한 자료에 따르면 최근 10년간 순직한 소방관 4명 중 1명은 수난사고 현장에서 목숨을 잃었다고 한다. 나의 동료들이 부디 물에서 목숨을 잃지 않기를 바라는 마음이다. 특히 수난사고의 대표적 특징은 구조 대상자뿐 아니라 구조자가 사망하는 비율도 높다는 것이다. 남을 구하려다 같이 죽는 셈이다. 부족하고 부끄러운 능력일지라도 혹여 동료들에게 도움이 될 수 있다면 언제든 달려가 내가 가진 것들을 나눠 주고 싶다. 그렇게 하려고 수상, 수중을 가리지 않고 관련 분야를 공부하고 있다. 11년 전 파도가 미친 듯이 치는 부산의 이기대二妓臺 해안절벽에서 해상구조훈련을 하던 우리에게 나의 멘토는 이렇게 일갈했다.

"죽지 마라. 너는 죽으면 안 된다. 너는 살아서 더 많은 사람을 살려야 하기 때문이다."

위급 상황 시,

생명을 살리는
기적의 심폐소생술

1. 의식 확인

처치자 본인의 감염 보호 여부(마스크 등)
확인 후 환자에게 접근하여 어깨를 가볍게
두드리며 "괜찮으세요?"를 외치면서 환자
의 반응을 확인한다.

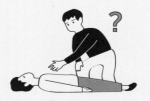

2. 119 신고 및 자동 심장충격기 요청

환자의 반응이 없으면 신속히 주변 사람들에게
119 신고를 지시하고 근처에 자동 심장충격기
있으면 함께 요청한다. 특히 이때 특정인을 지
목하여 명확하게 신고에 대한 행동을 유도하는
것이 좋다.

3. 호흡 및 맥박 확인

환자의 가슴이 오르고 내리는지, 코와 입에 귀를
가까이 대고 호흡을 하는지, 검지와 중지로 환자의
경동맥을 확인하여 맥박이 있는지 약 10초 전후로
확인한다. 정상 호흡을 한다면 신중히 관찰하면서
119를 기다리고 그렇지 않다면 다음 행동을 한다.

4. 가슴 압박(30회)
깍지를 낀 손으로 손바닥을 환자의 심장 압박점에 대고 압박한다. 압박 깊이는 성인은 5cm, 소아는 3~5cm이며 압박 속도는 분당 100~120회로 한다.

5. 인공호흡*
한 손으로 이마를 살짝 누르고, 한 손으로 엄지와 중지 끝으로 턱을 살짝 들어 올려 기도를 확보한 후 이마를 누른 손으로 환자의 코를 잡아서 막고 다른 손으로 턱을 아래로 당겨 입을 벌린다. 10초 정도 내 숨을 불어 넣는다.

6. 자동 심장충격기 사용
전원을 켜고 자동 심장충격기의 음성 지시에 따라 환자에게 처치한다.

7. 반복
환자의 소생 여부에 따라 119가 올 때까지 처치를 반복한다.

* 인공호흡은 전문구조사가 아니라면 인공호흡을 하겠다는 처치자의 명확한 의지 또는 인공호흡에 대한 교육을 받은 사람이 시행해야 한다. 특히 코로나 등 감염의 우려로 인하여 일반인의 경우 감염 위험을 줄이기 위해 인공호흡은 시행하지 않고 가슴 압박만 시행하도록 권장한다(질병관리청, 2020년 한국심폐소생술 가이드라인 참조).

I am a firefighter

1   소방관의
       자격

이맘때쯤이면 119구조대원들은 분주하다. 당연히 해야 할 출동업무도 그렇겠지만 구조대원의 역량을 시험하는 인명 구조사 평가가 있기 때문이다. 인명 구조사는 전문, 1급, 2급으로 나누는데 소방청 주관으로 전국의 소방관을 대상으로 치러지는 일종의 자격시험이다. 봄이면 가장 낮은 단계인 2급 시험이 치러지고, 가을이면 난도가 높은 1급 시험이 치러진다. 전국에서 2명밖에 없는 최상위 등급인 전문 시험은 비정기적이다. 나는 1급과 2급 인명 구조사 자격을 모두 보유하고 있는데 2급은 한 번에 합격했지만 1급은 재수 끝에 합격했다. 필기와 실기를 하는데 통과하기가 몹시 어렵다. 특히 실기의 평가 기준이 높다. 2급도 그렇고 1급은 더 그렇고 전문은 말할 것도 없다. 당연히 많은 연습이 필요하다. 체력평가도 있다. 먼저 육상에서 왕복 달리기를 수십 번 한다. 일명 '삑삑이'라 불리는 왕복 달리기는 횟수가 거듭될수록 속도가 빨라진다. 중후반이 지나면 거의 전력을 다해 뛰어야 한다. 조금이라도 왕복 라인에 못 미치면 탈락이다. 겨우 육상 체력시험을 지나면 바로 수상 체력시험이다. 입영을 먼저 하는데, 맨몸으로 5m 풀장에서 몇 분간 떠 있어야 한다. 그리고 수영 200m, 잠영 25m, 25kg 마네킹 끌기를 한다. 이쯤 되면 온몸이 녹초가 된다. 이를 악물고 겨우 물에서 살아나면 분야별 구조기술 평가가 진행된다. 체력시험 후 진행되는 구조기술 평가는 수중에서 스쿠버 기술을 한 후 젖은 몸을 이끌고 육상으로 이동해 각종 로프 구조기술을 평가받는다. 그리고 교통사고와 관련된 평가를 받고 겨우 마무리된다. 이게 2급, 가장 낮은 단계의 레벨이다. 합격률이 못할 땐 30%, 높아야 50%를 넘지 못한다. 더 난도가 높은 1급은 작년2021년에 전국에서 합격한 사람이 손에 꼽을 만큼 적다. 그래서 전국의 소방서 구조대에서는 시험이 다가오면 다들 옥상의 훈련장으로 가서 낮이고 밤이고 시험에 대비한 연습을 한다.

서두가 길었지만 말하고 싶은 것은 그게 아니다. 소방관이 되기 위한 채용시험을 치르고 들어온 소방관들, 특히 구조대원은 군 특수부대특전사, UDT, SSU, HID, UDU, 해병 수색대, CCT, SART 등에서 최소 4년에서 최대 15년이나 직업군인으로서 전문적인 군사훈련을 받고 나온 남자들이다. 그런 이들이 구조 현장에서 일하기 위해 무엇을 더 배워야 하는지 의문이 생길 수도 있겠다. 하지만 그렇지 않은 이유는 현장에 있다. 사람이 당장 피 흘리며 죽어가는 현장은 군 특수부대에서 배운 것과는 다르다. 그렇다. 구조대원으로 채용된 특수부대 출신들은 사람을 적을 죽이는 것을 배우고 왔다. 나 역시 그랬다. 내가 UDT에서 배운 기술은 어떻게 하면 사람을 더 효율적으로 죽이냐였다. 예를 들어 대테러 사격술 중에 '더블 탭'이라는 기술이 있다. 심장에 정확히 두 발을 맞추는 CQCClose-quarters combat or close-quarters battle: 근접 전투 사격술이다. 단시간에 정확하게 적을 제압하는 사격이다. '모잠비크'라는 사격 기술도 있다. 가슴에 두 발,

머리에 한 발을 꽂아 넣어야 한다. CQC때 방탄복을 입은 적을 죽이기 위해 머리에 한 발을 더 사격하거나, 마약이나 약물에 중독된 적은 가슴에 두 발로는 살상력이 떨어진다 하여 머리에 최종적으로 확인 사살을 하는 방법이다. 이렇듯 군대에서 배운 것은 지금 내가 누군가를 살리기 위한 기술이 아니었다. 오히려 그 반대였다.

그런 내가 구조대원으로 들어온 것은 아마 특수부대에서 배운 기술을 119에서 사용하고자 하는 것이 아니었을 것이다. 그곳에서 배운 육체적, 정신적 인내와 절제력, 죽고 사는 현장에서의 냉철한 판단력, 팀원들과 함께 사지死地로 들어가야 하는 융화력 등 눈에 보이지 않는 무언가가 필요해서 이곳에 채용됐을 것이다. 실제로 구조대원들은 이러한 부분에서 조금은 남다른 감각을 발휘한다. 그들만의 보이지 않는 유대감은 최소한 4년 이상 몸과 마음으로 체화한 특수부대에서의 생활이 있기에 가능한 것이다. 하지만 앞서 말했듯이 사람을 살리는 기술은 다르다. 그래서 인명 구조사 시험을 통해 자신을 증명한다. 군에서 배운 적 없는, 누군가를 살리기 위한 몸놀림을 평가받아야 하기에 많은 구조대원들이 오늘도 끊임없이 연습한다. 그렇게 연습하는데도 시험에서 탈락한다. 나는 동료들이 이 시험에 합격하기 위해 얼마나 큰 노력을 하는지 봐왔다. 출동이 없을 때 소방서 앞마당이나 옥상에 장비를 꺼내놓고 겨울에는 춥게, 여름에는 덥게 피곤한 몸을 이끌고 연습하고 또 연습한다. 그러다가 출동이 걸리면 땀에 젖은 몸을 이끌고 더 많은 땀을 흘리는 사고 현장으로 바로 달려간다.

쉽지 않다. 먹고살아야 하는 일이 우선인데 먹고살기 참 힘든 직업이다. 그냥 출동 걸리면 나가서 불 끄고 사람 구하고 그러면 다인 줄 알고 들어왔을 소방서다. 하지만 기술은 쉽게 만들어지지 않는다. 그래서 힘들다. 힘들게 공부해서 들어온 소방서에서 평가를 받아야 하는 현실이 서글프다. 하지만 해야 한다. 소방관이라면 자신을 증명해야 한다. 특수부대에서 배운 기술과는 반대의 것이기는 하지만 그래도 특수부대에서 배운 인내와 절제, 판단과 융화를 여기에서 발휘해야 한다. 그렇다고 이런 능력이 구조대원들에게만 특별히 요구되는 것은 아니다. 화재진압대원이나 구급대원들도 각자의 특성에 맞는 능력을 증명하기 위한 자격시험에 도전한다. 화재진압대원들은 '화재대응능력 1, 2급' 평가가 있고, 구급대원들은 '응급구조사 1, 2급' 자격을 취득한다. 이뿐만이 아니다. 화재 현장에서 화재의 원인을 조사하는 '화재감식평가기사', 건축물에 적용되는 소방시설에 관한 업무와 연관된 '소방설비기사', 시설을 관리하는 '소방시설관리사' 등 소방관의 업무에 필요한 많은 자격을 취득하기 위해 현직의 소방관들은 업무 시간 외에 다른 노력을 기울이고 있다. 그만의 필요성과 전문성을 기르기 위한 보이지 않는 노력을 한다. 모두가 취득하기 어려운 자격이며 작게는 자기계발을 위해, 크게는 조직에 필요한 전문인력이 되기 위해 도전할만한 자격이다.

현장에서 얼마나 화재를 잘 진압하고 사람을 잘 구하는지에 대한 평가를 일정한 수치로 정할 수는 없다. 그래서 때론 이런 자격평가의 효용성에 대한 의문도 제기된다. 예측할 수 없는 수많은 현장 상황에 정형화된 기준이 적용될 수 없음을 현직 소방관들이 더 잘 알고 있을 것이다. 그래서 자격증의 보유 여부가 소방관의 현장대응능력을 판단하는 기준이 될 수는 없다. 다만 사고에 맞서는 소방관이 자신과 동료의 안전을 지키는 최소한의 기술과 지식을 습득하는 기본 능력이 기준이 아닐까 한다. 더 효율적인 활동을 위한 최소한의 능력이라고도 할 수 있겠다. 가끔 숫자로 동료들의 노력이 평가되는 것이 못내 안쓰럽지만 그들의 노력까지 평가되지 않기를 바란다. 합격하든, 못하든 내 동료들은 나와 현장에서 같이 살고 같이 죽을 형제들이다. 나는 그저 그들의 진심 어린 노력을 깊게 깊게 응원할 뿐이다.

업무 강도는
어느 정도인가요?

소방관들이 맞닥뜨리는 현장은 매우 다양하다. 계량화하기 힘들다. 예를 들어보겠다. 화재신고가 접수되는 순간, 소방서에 출동 벨이 울리고 소방관들이 빠르게 소방차에 오른다. 달리는 소방차에서 화재 현장에 대한 대략적인 정보가 계속 전달된다. 이때 경험 많은 소방관은 무전만으로도 현장의 상황을 대략 짐작할 수 있다. 만약 쓰레기 화재라는 정보가 입수된다면 비교적 화재진압의 강도가 약하다. 물론 화재의 성상이 약하다고 큰 화재로 변하지 않는다고 할 수 없기에 수월히 접근할 수는 없다. 하지만 쓰레기 화재란 길가의 쓰레기통이나 모아놓은 종량제 봉투에서 담배 등으로 추정되는 원인으로 인하여 발화된 비교적 규모가 작은 화재를 말한다. 그 외에도 사람이 없고 주변에 번질 위험이 없는 단독차량의 화재 같은 경우도 화재진압에 능숙한 소방관들에겐 그리 어려운 상황은 아니다.

구조나 구급 상황도 마찬가지다. 간단한 문 개방, 포획이 쉬운 동물구조, 손에 끼어 빠지지 않는 반지 절단 등 생활 속에서 일어날 수 있는 상황은 구조대원들에게는 어렵지 않은 출동이다. 단순 통증 환자의 단거리 이송이나 가벼운 사고로 인한 환자를 대하는 구급대원들도 이런 상황은 비교적 쉽게 할 수 있다. 하지만 사고의 경중을 떠나 출동 자체로도 피로도는 높다. 소방관이 되어 처음 근무했던 부산진소방서 구조대는 크고 작은 사고가 하루에 10여 건 이상 발생하는 힘든 근무지였다. 대형화재나 심각한 사고 등 어려운 출동도 많았지만, 현장 활동이 비교적 수월한 출동이더라도 횟수가 잦아지니 역시 힘들기는 마찬가지였다. 또한, 사고 현장을 대하는 마음은 사고의 경중을 떠나 늘 긴장감을 유발하기 때문에 쉽게 볼 일도 아니다.

행정업무를 보는 내근직도 마찬가지다. 비록 현장으로 출동해 격렬한 육체적 움직임은 없지만 끊이지 않고 밀려드는 업무에 밤늦게까지 일하기 일쑤다. 소방서 업무의 90%가 현장에서 이루어진다. 하지만 이런 현장업무가 잘 이루어지기 위해 다양한 지원업무를 담당하는 행정 처리가 많다. 사고에 대한 통계, 예방에 대한 정보수집, 각종 소방 관련 인허가 사항을 매일같이 해야 한다. 어느 공공기관과 마찬가지로 많은 조직의 정책을 수립하고 시행하는 큰일이 많다. 또 민원인을 대하고 시민들이 요구하는 사항에 적절히 응대해야 한다. 또한, 직원들의 복지를 위한 업무 즉 급여지급, 장비구매, 소방서 시설개선 같은 일도 소홀히 할 수 없다. 내가 아는 내근 동료들은 늘 피로를 호소한다. 물론 행정업무에 관심이 많고 그에 맞는 특기를 가진 직원들이 배치되어 해당 업무를 수행하기도 하지만 그렇지 않은 직원들도 있다. 소방관들은 당연히 현장에서 맡은 임무를 잘해야 한다. 이런 내근업무가 현장을 원활히 뒷받침하고 있다는 것을 말해주고 싶다.

현장이나 행정업무 모두 쉽고 간단하진 않다. 중요한 것은 어떠한 현장에 가더라도 어떠한 업무를 맡더라도 소방관 자신에게 주어진 상황에 능숙하게 대처할 수 있는 역량이 있어야한다는 것이다. 자신의 능력이 높다면 힘든 업무도 능숙하게처리할 것이고, 그렇지 않다면 쉬운 상황도 어렵게 만들 수있다.

업무에서 겪는
트라우마가 있나요?

트라우마의 사전적 의미는 정신에 지속적인 영향을 주는 격렬한 감정적 충격이라고 한다. 이런 트라우마는 사람이 살아가면서 겪는 여러 가지 정신 장애의 원인이 될 수 있다. 가끔 사람들은 어떤 음식을 못 먹는다거나 특정한 장소에 가는 것을 꺼리는 경우가 있는데 혹여 이런 현상의 원인은 좋지 못한 기억이 무의식적으로 머릿속에 각인되어 있기 때문이다. 이것을 의학적 용어로 정리하자면 외상 후 스트레스 증후군 즉, PTSD post traumatic stress disorder 라 한다. PTSD는 사람이 전쟁, 고문, 자연재해, 사고 등의 심각한 사건을 경험한 후 공포감을 느끼고 사건 후에도 지속적인 재경험을 통해 고통이 반복되며 그에서 벗어나기 위해 에너지를 과도하게 소비하게 되는 질환으로, 정상적인 사회생활에 부정적인 영향을 끼치게 된다.

이런 PTSD에 소방관은 매우 심각하게 노출되어 있다. 특히 일반인과 비교하면 발병률이 7%에서 많게는 30%가 넘는다고 한다. 또 2021년 소방청 자체 조사에 의하면 전국의 5만여 명의 소방관 중 약 5% 이상이 심각한 PTSD를 겪고 있다고 한다. 세부적인 증상으로는 우울증이 약 4.4%이며 특히 수면 부족과 문제성 음주 등 심각한 증상을 호소하는 소방관이

20% 넘게 나타났다고 한다. 더 심각한 것은 당장 극단적인 선택을 할 수도 있는 고위험군의 소방관이 300여 명 이상으로 조사되었으며, 조사 대상 중 5년에서 10년 차 정도의 경력을 가진 소방관들 사이에서 PTSD는 더욱 두드러진다고도 한다. _{파이낸셜 뉴스 2021년 12월 5일 자 기사 인용}.

소방관은 자신이 구하고자 하는 사람은 물론 자신과 동료의 생사가 오가는 극도로 불안한 환경에서 촌각을 다투는 일을 한다. 그럴 때마다 찾아오는 매우 높은 수준의 스트레스는 아무리 잘 다스린다 해도 조금씩 누적되어 정신과 육체를 갉아먹는다. 피가 난무하고 살이 찢기며 말로 표현하기 힘들 만큼 심각하게 훼손된 사람의 형상을 소방관들은 현장에서 맞닥뜨린다. 그런 환경에서 누군가를 구하기 위해 모든 신경을 집중하기란 절대 쉽지 않다. 특히 구해야 할 사람이 어린아이나 걷지도 못하는 영유아일 경우에 정신적 충격은 더 심각하다. 또 함께 일하던 동료의 죽음 역시 매우 심각한 PTSD를 남긴다. 어쩌면 소방관의 직업적 소명이 이런 트라우마를 더 쉽게 겪게 하는 듯도 하다. 죽어가는 누군가를 구하지 못했다는 자책감을 가지고 사는 소방관들이 많다. 현장에서 조금만 더 빨리, 조금만 더 열심히 사람을 구했더라면 그 사람은 살지 않았을까 하는 후회를 하는 경우가 종종 있다. 소방관 자신이 잘못한 일이 아님에도 불구하고 마음이 여린 소방관은 죽어가는 사람의 모습을 쉽게 지울 수가 없다.

내가 일했던 부산 낙동강 수상구조대 주변에는 강물로 스스로 몸을 던져 죽음을 선택하는 사람들이 많다. 어떠한 이유로 그런 선택을 했는지를 묻기 전에 우리는 그들을 구하기 위해 밤낮으로 물 위를 달리고 또 달린다. 안타깝게도 구하지 못하는 경우가 더 많다. 다른 구조환경과 다르게 강물은 빠르게 구조 대상자를 물속으로 빨아들인다. 신고를 받고 출동하더라도 이미 사람은 열 길 물속으로 사라진 뒤다. 그렇더라도 구조를 포기할 수는 없다. 시신이라도 찾아 가족들에게 돌려주기 위해 찾고 또 찾는다. 하지만 시커멓고 차가운 강물 속으로 사라진 사람을 찾기란 어려운 일이다. 그나마 며칠 내로 찾는다면 다행이다. 구조 대상자의 몸이 온전히 보전되어 있으니 말이다. 물은 사람의 몸을 빠르게 부패하게 한다. 물에서 오랜 시간이 지난 사람의 모습은 알아볼 수 없을 만큼 훼손이 심하다. 그래서 하루라도 빨리 찾고 싶은 것이 구조대원의 마음이다. 가족들이 얼굴이라도 알아볼 수 있게 해야 한다는 작은 사명감이 있다. 하지만 말처럼 쉽지 않다. 최근에는 한 달 반이 지나 겨우 찾은 사람도 있었다. 죽은 사람의 육신을 상하지 않게 겨우 수습하여 가족에게 건넸다. 찾았다는 안도감도 있었지만, 너무 심하게 부패한 모습을 보니 죽음이라는 것이 무엇이고 왜 스스로 그런 선택을 했는지에 대한 근원적인 물음을 스스로 하지 않을 수 없었다. 이런 현장을 겪고 나면 잔상은 오래간다. 잊힌듯했지만 불현듯 떠오른다. 때론 시각적으로, 때론 후각이나 청각으로도 기억은 되살아나 마음을 힘들게 한다. 앞서 나온 PTSD에 대한 조사 통계만 봐도 소방관이 겪는 현장의 모습이 단순히 사고를 대하는 일이 다가 아님을 알 수 있다. 하지만 나의 직업이고 내가 할 일이다. 피할 수 없는 소방관의 운명이다.

Q3
외상 후 스트레스는
어떻게 회복하나요?

소방관이 일하며 겪게 되는 스트레스는 자기 자신의 몸과 마음을 지치게 하여 결국 시민에게 양질의 소방 서비스를 제공하지 못하는 결과를 초래한다. 단순히 소방관만의 문제가 아니라는 것이다. 그래서 소방관의 스트레스를 해소하기 위해 마련된 제도적 장치가 있다. 크게 두 가지로 나눌 수 있는데 먼저 심리상담이다. 전국 시도의 소방본부에 마음치유를 위한 심리상담부서를 두고 정기적인 상담을 하고 있다. 내가 있는 부산은 부산시 전체를 권역별로 나누어 3~4개의 소방서를 담당하는 심리상담사가 정기적으로 순회하며 현장 대원들이 겪는 어려움을 듣고 그에 맞는 솔루션을 제공한다. 물론 전문 상담사라 하더라도 가끔은 소방 현장에 대한 이해가 부족하여 상담을 받는 소방관과 적지 않은 심리적 괴리가 존재하는 것도 사실이다. 하지만 소방관들이 쉽게 털어놓지 못하는 마음속 이야기를 들어주는 것만으로도 심리상담사들의 존재는 분명 소중하다고 할 수 있다. 특히 처참한 사고 현장 출동, 동료의 죽음 등 받아들이기 힘든 상황을 겪은 일이 생기면 즉시 방문 상담을 한다. 이러한 심리상담은 기록으로 남아 추적 관리할 수 있으며 훗날 더 큰 질환으로 발달했을 때 진단을 내리는 중요한 자료로 사용할 수 있다.

더 나아가 PTSD 치료나 우울증, 알코올 중독 등 개별적인 정신질환 치료 지원도 해준다. 정신과 전문의가 상주하는 정신의학전문병원과 연계하여 무료로 진료를 받을 수 있다. 비용은 소방청에서 부담한다. 혹여 자신의 정신적 질환이 동료에게 보이는 것이 불편할 수 있기에 정신과 진료는 철저히 비밀이 유지된다. 정신과를 찾는다는 것이 마치 심각한 정신병을 앓는 것으로 자책할 수 있어 부담을 지우지 않기 위해 노력하고 있다. 그 외 스트레스 치유와 심신 회복을 위한 여행이나 힐링캠프 같은 프로그램도 있다. 조용한 자연 속 휴양시설에서 동료들과 함께 휴식도 하고 심신 회복 전문가들이 준비한 이벤트도 참여할 수 있다. 특히 함께 근무하는 동료들과 동질감을 더 느낄 수 있는 시간을 가질 수 있다는 것이 장점이다.

자체적으로 운영되는 동호회 활동도 있다. 야구, 축구, 마라톤, 테니스, 수영, 주짓수, 골프, 사이클 등 스포츠 동호회가 주를 이루는 가운데 바둑이나 색소폰, 밴드, 봉사 동호회 등 많은 분야에서 동료들과 여가를 즐기고 친목을 도모하며 힘든 업무를 잠시 잊기도 한다. 동호회 활동 역시 많은 금액은 아니지만, 활동비를 각 시도 소방본부에서 지원하고 있으며 필요한 물품을 구매하거나 우수한 강사를 초빙하는 데 사용된다. 개인적으로도 다양한 스트레스 해소 활동을 한다. 특히 코로나 상황이 나아지면서 많은 소방관이 여행을 떠난다. 캠핑은 최근 소방관들에게 주목받고 있는 스트레스 해소 방법이다. 동료들과 함께 캠핑 장비를 준비하며 자연으로 떠난다. 업무를 통해 받은 스트레스를 해소하는 방법이 소방관이라 해서 특별하진 않을 것이다. 다만 직업적 환경의 특성상 아무래도 활동적인 취미가 많은 듯하다. 반대로 매우 동적인 일을 하는 우리지만 정적인 취미로 자신을 달래는 소방관들도 많다. 난 그림을 배우고 글을 쓰며 상처받은 마음을 치유하기도 했다. 무엇이 되었든 다른 무언가에 집중하며 잠시 내가 소방관이라는 것을 망각해 보는 것도 어떨까 한다.

일하면서
위험에 처한 적이 있나요?

얼마 전 내가 근무하는 구조대로 전입해 온 후배와 근무 시간에 잠시 대화를 나눴다. 후배는 부산에서도 출동이 많기로 소문난 사하소방서 구조대에서 온 구조대원이었다. 사하소방서는 출동이 많기도 하지만 현장 활동이 힘든 사고가 잦기로 유명하다. 관내에 크고 작은 공장이 밀집되어 있고 다른 지역보다 다소 낙후된 환경 때문에 사고의 위험이 크다. 바다와도 인접한 곳인데 선박화재도 종종 일어난다. 나는 선박화재에 관한 이야기를 물었다. 후배는 이곳으로 온 지 불과 얼마 전 선박화재 출동했다가 고립되어 정말 죽을뻔했다는 말을 나에게 전해주었다. 활활 타오르는 배에서 출구를 찾지 못해서 결국 착용하고 있던 개인보호장비를 다 벗어 던진 채 바다로 뛰어들기 직전 다른 배가 와서 겨우 탈출할 수 있었다고 한다. 이렇듯 소방관은 한 번쯤은 정말 생사를 오가는 위험에 처하기 마련이다. 정도의 차이가 있고, 개인이 느끼는 감정이 다르긴 하겠지만 자신의 생명을 위협하는 위험은 소방관에게는 마치 운명같이 따라다닌다.

나는 아파트 베란다로 진입하기 위해 로프를 타고 내려오다가 추락해서 한 번, 화재 현장에서 공기호흡기 공기가 다 소진되어 그렇게 또 한 번. 두 번 정도 죽을 뻔한 적이 있다. 당시의 공포와 충격은 여전히 뼛속 깊이 각인되어 있다. 아파트에서 로프를 타고 내려올 땐 나와 나를 지탱해주는 로프가 탱탱하게 유지된 것을 확인하지 않고 8층 베란다에서 바로 내려갔다가 느슨하게 풀려있는 로프가 한 번에 힘을 받으며 그대로 추락했다. 다행히 로프 끝부분에 매듭을 해놔서 그 매듭에 하강기가 걸려 멈추면서 1층과 2층 사이 정도 높이에 대롱대롱 매달려 살 수 있었다. 화재 현장에서는 공기호흡기의 공기가 다 소진되었는지 모르고 계속 인명검색을 하다가 결국 공기 부족 경고음이 한참을 울린 후에야 알아차리고 패닉에 빠졌다. 작은 가게들이 다닥다닥 붙어 있는 컴퓨터 도매상가였는데 얇은 합판으로 된 가게의 벽을 모조리 부숴버리면서 겨우 탈출했던 기억이 난다. 밖으로 나와 극도로 흥분해 있는 나를 선배들이 한참을 달래주며 진정시켰다. 지금 생각해보니 두 사고 모두 장비를 잘 준비하거나 다루지 못한 나의 불찰이 크기에 부끄럽고 민망한 기억이다. 그 외에도 출동, 훈련 등을 하며 겪은 아찔한 순간은 더 많다. 모두 기억할 순 없지만 지금 온전히 살아있다는 게 다행이라는 생각이 든다.

소방관이 다치거나 죽는다는 것은 생각하기도 싫은 일이다. 하지만 한 해 10명이 넘는 소방관이 현장에서 목숨을 잃는다. 슬프고 가혹하지만 엄연한 현실이다. 그렇다고 위험을 피해 현장을 두려워할 수도 없다. 그래서 많은 훈련을 하고 장비를 보강하며 사고를 예방하는 활동에 집중한다. 또 현장 활동에 있어 가장 소중한 소방관 자신의 몸을 매일 단련한다. 그리고 위험에 빠졌을 때 나를 구해줄 동료와의 믿음을 쌓는다.

이렇게 위험에 맞서는 준비가 될 때 소방관은 물러서지 않고, 위험으로 들어갈 수 있다. 소방관은 슈퍼히어로가 아니다. 다른 사람들과 같이 두려움도 느끼고 슬픔도 안다. 하지만 위험을 대비하고 위험을 미리 직감하는 약간의 능력이 있기에 이 일을 하는 것이다. 그리고 우리가 구해야 하는 누군가의 위험을 소방관 자신이 고스란히 뒤집어써야 하는 일도 부지기수다. 위험에 맞서는 용기와 헌신이 그래서 소방관에게는 있어야 한다.

Q5
현장에서 실수했거나
황당한 경험을 한 적이 있나요?

왜 없겠는가? 수많은 사고 현장에 출동을 다니며 겪은 일 중에 이해하기 힘든 일들이 몇 가지 있었다. 부산진구조대 막내 구조대원 시절 하수구에 거액의 돈이 빠졌다는 신고를 받고 출동을 했다. 119가 하수구에 빠진 돈까지 꺼내주어야 하는지 의아하게 생각하며 현장에 도착했는데 그곳은 결혼식장 앞 도로였다. 축의금으로 받은 현금다발이 도로 옆 하수구에 빠졌다는 것이었다. 나는 하수구를 기어가며 돈을 하나하나 주었다. 그런 일까지 하느냐고 물을 수 있겠지만 국민의 생명과 '재산'을 보호하는 일을 하는 것이 우리의 임무기에 아니라고 하기도 뭐하다. 하지만 이런 비긴급 출동은 요즘 들어서는 신고접수 단계에서 거절한다. 어쨌든 칼바람이 부는 추운 겨울에 냄새나고 축축한 하수구 바닥을 1시간 넘게 기면서 눈에 보이는 대로 돈을 주었다. 더는 돈이 보이지 않았을 때 밖으로 나왔는데 온몸에 오물을 묻힌 채 서 있는 나에게 돈이 모자란다며 의심스러운 눈으로 쳐다보던 한복 입은 아주머니를 지금도 잊을 수 없다. 황당하기도 했고, 화가 나기도 했고, 신기하기도 했던 경험이었다.

실수 경험도 많다. 특수구조단 근무 시절 강원도 영월에 얼음 밑 잠수 훈련하러 갔을 때다. 두껍게 얼어버린 얼음을 뚫고 그 아래로 잠수를 해서 수중구조를 하는 훈련이었다. 소방청 중앙119구조본부에서 주관하는 훈련이었고 전국의 구조대원들 30여 명이 모였다. 한겨울의 강원도 골짜기의 강물은 말 그대로 얼음장이었다. 빙점에 가까운 얼음물에 들어가면 온몸이 마비되는 듯했다. 잠수장비를 착용하고 물이 들어오지 않는 건식 잠수복을 착용했지만, 냉기는 그대로 뼛속을 파고든다. 이런 와중에 잠수장비 중 하나인 호흡기가 말썽이었다. 지금은 잠수용 호흡기가 겨울용으로도 제작되어 나오지만, 당시에는 그렇지 못해 차가운 얼음물에 들어가면 호흡기가 터져버려 탱크의 공기가 마구 분출되었다. 그렇게 되면 사용해야 할 공기가 순식간에 고갈된다. 그런 상황에서는 물 밖으로 나오기 위해 얼음구멍을 찾아 돌아가야 한다. 이런 가상의 상황을 대비해서 매일 두꺼운 얼음을 깨고 훈련을 했다. 특이하게도 일주일 간 진행된 훈련 동안 같이 교육받은 동기들의 호흡기는 다 터졌는데 유독 내 호흡기만 터지지 않았다. 이유를 알 수는 없었지만 난 그래서 장비 점검을 소홀히 했고 위험 상황에 즉각 대처하는 긴장감이 느슨해졌다. 결국, 마지막 날 내 호흡기가 터져버렸다. 주호흡기, 보조호흡기, 부력조절기의 모든 제어장치가 고장이 나 그야말로 진퇴양난의 상황이 되었다. 함께 들어간 동료의 호흡기로 호흡하려 했지만 패닉에 가까운 공포를 느끼며 결국 교관의 도움을 받아 겨우 물 밖으로 빠져나왔다. 얼음이 없다면 바로 수면으로 상승하겠지만 얼음 아래 잠수는 반드시 들어왔던 얼음구멍으로 다시 가야 했다. 동료들과 다르게 별다른 이상이 없었던 장비를 믿고 안일하게 훈련에 임한 나의 실수였다. 하지만 실수를 통해 배우는 것이라고 했다. 난 그 후 나의 생명을 보호해주는 장비나 매뉴얼을 철저히 점검하고 익히는 버릇이 생겼다. 처음부터 그렇게 해야 했지만 말이다.

소방관의 급여는
어떻게 되나요?

우선 알아야 할 것은 같은 공무원이라 할지라도 보수지급에 관한 규정이 채용 방식이나 직별에 따라 다르다. 봉급체계에 있어 간단한 구분을 소개하면 일반직, 공안직, 연구직, 초중등 교원, 특정직, 별정직, 군인 등이 있다. 이중 소방관의 급여는 경찰공무원과 체계와 거의 유사하다. 소방관의 급여는 계급과 호봉 수에 의해 차등 지급되는데 당연히 계급이 높고 호봉 수가 많을수록 급여는 높다.

우선 가장 낮은 계급인 소방사 기준으로 설명해 보겠다. 소방사 1호봉 기준 2022년 기본급은 170여만 원 정도다. 말 그대로 기본급이며 여기에 맡은 업무에 따라 화재진화수당, 구조구급수당 등이 추가된다. 가족이 있다면 가족 1인당 추가되는 가족수당이 있고 그 외 급식비 같은 수당도 함께 지급된다. 특히 소방관은 야간과 휴일에도 근무하기 때문에 초과근무수당이 비교적 많이 나오는 편이다. 호봉을 적용해봐야 알겠지만 남자 소방관은 대다수 군 복무를 하고 임용이 되기 때문에 군 복무 기간을 합산하면 3호봉의 호봉 수가 적용된다. 세부적인 수령액을 말하기 전에 당연히 건강보험이나 소득세 등 공제되는 금액을 제외한다면 실수령액은 300만 원 정도

될 것 같다.

이것은 어디까지나 추정금액이다. 나는 급여업무를 담당해 본 적이 없고 지역, 호봉, 근무체계에 따라 급여 차이가 나기 때문에 정확한 기준이 아님을 미리 밝힌다. 말하고 싶은 것은 사회 초년생이 받는 급여로 보자면 적은 금액은 아니라는 것이다. 또 다르게 보자면 생명을 걸고 위험한 직무를 수행하는 일치고는 또 많은 금액도 아니라는 것도 느낄 수 있다. 다만 다들 알듯 공무원의 급여는 나라가 망하지 않는 이상 지급되지 않는 상황이 오지는 않는다. 그러기에 장기적으로 자본을 키워나가는 노력도 해야 한다. 자본주의 사회에서 돈은 삶의 가치를 결정하는 중요한 수단이기에 아무리 자부심과 명예를 중요시하는 소방관이라 해도 급여의 많고 적음을 신경 쓰지 않을 수 없다. 여느 직장인들이 다 그렇듯 고용주_{국가}는 정해진 급여를 노동자_{소방관}에게 지급한다. 그렇게 받은 돈을 잘 관리해서 자산을 늘리고 생활을 윤택하게 하는 것은 개인의 노력이다. 큰 금액이 아니더라도 소중하게 아껴 쓴다면 큰 부자는 아니더라도 작은 부자 정도는 될 수 있는 귀한 살림 밑천일 것이고, 흥청망청 과소비한다면 아무리 많은 돈을 받아도 집안의 곳간은 늘 비어 있을 것이다.

Q7
소방관으로 일하는
남녀 성비는 어떻게 되나요?

소방관의 일은 거칠고 힘든 현장 활동이 주를 이룬다. 그래서 소방이라는 조직을 구성하는 대다수 직원은 남자다. 전체 소방관중에 약 10%는 여성으로 이루어져 있다. 여성 소방관의 채용은 꾸준히 늘어나고 있으며 특히 여성 소방관이 필요한 분야가 다각도 발굴되어 적절한 업무에 배치되고 있다. 구급 업무가 대표적이다. 응급구조사나 간호사로 근무한 경력이 있는 여성 소방관은 구급차에서 환자를 처치하고 이송하는 업무를 한다. 구급대원 중 여성의 비율이 가장 높은데 환자를 처치하는 섬세함이 잘 발휘된다. 화재진압대원으로도 채용이 된다. 화재를 직접 진압하는 일은 체력부담이 크고 위험한 분야지만 남자 못지않은 체력관리를 통해 진압업무를 수행하는 여성 소방관도 있는 것으로 안다. 또 소방차를 운전하거나 고가차, 사다리차를 조작하는 기관업무를 수행하는 여성 소방관도 드물지 않게 있다.

여성 소방관이 귀한? 분야는 구조 분야다. 아무래도 수십 kg에 이르는 구조장비를 조작하고 성인 남자 한 명 정도는 너끈히 들어올려야 하는 힘이 있어야 할 수 있는 분야인데 전국에 손에 꼽힐 만큼 적은 수의 여성 구조대원이 있다. 여성이라는 신체적 한계는 어쩔 수 없지만, 여성이라 해서 배려나 관심을 따로 바라지 않고 남성 못지않게 강한 훈련을 소화하는 여성 소방관들도 많이 있다. 다만 결혼을 하고 출산이나 육아 등 현실적 문제로 현장 활동을 부득이하게 못 하는 상황이 발생한다. 그래서 행정업무를 담당하는 내근이나 사고를 접수하고 출동지령을 내리는 상황실 업무로도 다수의 여성 소방관이 배치된다. 사회적 분위기도 그렇고 소방 역시 여성 소방관에 대한 업무의 구분을 별도로 두지는 않는다. 다만 업무를 맡을 수 있는 개인 역량의 제한은 현실적으로 존재하기에 여성 소방관이 활발하게 사고 현장에서 활동하기에는 한계가 있는 것도 사실이다. 하지만 그녀들은 어느 직업의 여성들보다 강하고 멋지며 위험 앞에서 물러서지 않은 나의 소중한 동료들이다. 앞으로도 영화에서 볼 수 있는 강하고 멋진 여성 소방관이 많이 나와주길 개인적으로 바라는 마음이다.

2 소방관의 매력

나는 영화를 좋아한다. 언제부터였는지는 모르겠지만 어릴 적 TV에서 하는 〈명화극장〉이나 〈토요명화〉 같은 프로그램을 보면서 영화가 주는 환상에 매료됐다. 하지만 초등학교에 다니던 80년대에 내가 살던 경상도의 작은 시골 마을에는 당연하게도 영화를 볼 수 있는 극장이 없었다. 영화를 보려면 덜컹거리는 시골 버스를 한참 타고 시내에 있는 극장으로 가야 했다. 그나마 시내의 극장도 개봉관이 아니었다. 아버지가 구독하시는 신문에는 매일같이 할리우드 영화를 선전하는 광고가 실렸는데 그럴 때마다 난 영화를 보고 싶어서 속으로만 애가 탔다. 그래서 자주는 아니었지만, 아주 가끔 난 한 살 위 형이나 동네 형, 친구들과 극장에 가서 영화를 봤다. 물론 초등학생이 볼 수 있는 영화만 봤다. 캄캄한 극장 안 넓은 스크린에 펼쳐지는 또 다른 세상의 이야기가 어린 나의 눈에는 그저 꿈속 같은 이야기로 느껴졌다. 중학교에 올라간 그해 여름 어느 날 여전히 아버지가 먼저 본 신문을 가져와 안방 바닥에 펼쳐놓고 또 어떤 영화가 개봉을 하나 훑어봤다. 신문에 광고하는 영화 포스터의 크기가 클수록 블록버스터 영화이거나 아카데미 또는 칸과 같은 영화제 수상작이었다. 그런 포스터 중에 신문 한 면 전체를 장식한 화려한 영화 포스터가 보였다. 바로 〈분노의 역류Back Draft〉였다. 영화 포스터는 강렬했다.

"조용히 문 뒤에서 불꽃은 기다리고, 노호*와 같은 산소는 폭
발한다."
"불꽃은 영웅을 낳고…. 영웅은 숨어 버린다."

아이를 부둥켜안고 시뻘건 화염을 뚫고 나오는 소방관의 실
루엣. 그리고 그 위에 수 놓인 영화 카피 문구는 내 심장을 마
구 뛰게 했다. '중학생 이상 관람가'라고 떡하니 있으니 갓 중
학교에 진학한 난 거칠 것이 없었다. 하지만 내가 사는 지역
의 시내 작은 극장은 개봉관이 아니었다. 지금이야 화려한 멀
티 플렉스 영화관이 있지만, 당시에 지방의 중소도시의 극장
은 대도시 대형 극장에서 먼저 개봉하고 몇 달 후에야 개봉했
다. 난 신문 속 〈분노의 역류〉 포스터를 가위로 잘 오려내 책
상 구석에 붙여놓고 지역 극장에 개봉하기만을 기다렸다. 하
지만 이 영화를 결국 극장에서 보질 못했다. 어떠한 이유에서
인지 영화는 지방 극장에 개봉되지 않았다. 아마 흥행이 저조
해서가 아닐까 판단된다. 당시 분노의 역류와 함께 개봉한 영
화는 〈터미네이터 2〉, 〈미녀와 야수〉, 〈양들의 침묵〉과 같은
당대를 열광하게 했던 명작들이었다. 분노의 역류 역시 흠잡
을 곳 없는 대작이었지만 당시 우리나라 관객들에게 소방관
영화는 낯설었다. 그래도 대구 지역에 있는 극장에서는 개봉
이 되었지만 두 시간 넘게 차를 타고 가서 볼 수는 없는 처지
였다.

---

*   노호(怒號): 성내어 소리 지름

결국, 1년 정도 흐른 뒤 비디오 가게에서 테이프를 빌려 영화를 봤다. 그때야 비디오테이프의 전성시대였기에 단골 테이프 대여점 사장님께 늘 "분노의 역류 언제 나와요?"라고 묻곤 했다. 그때마다 심드렁한 표정의 사장님은 "거 별로 재미없을 거 같은데 그건 왜 자꾸 찾아? 들어오면 집으로 전화할게"라고 말했다. 난 속으로 명색이 비디오테이프 대여점 사장이라는 분이 이런 명작을 몰라보다니 안타까울 따름이었다. 그러던 차에 테이프가 가게에 들어오는 날, 난 학교를 마치자마자 달려가 가장 먼저 빌려봤다. 고등학생이었던 형이 주말에 같이 보자고 했지만 참을 수 없었다. 난 늦은 오후 혼자서 그렇게 기다리던 소방관 영화를 내 눈 속에 담기 시작했다. 놀라웠다. 커트 러셀, 윌리엄 볼드윈이 형제 소방관으로 나온다. 형은 그야말로 프로페셔널하고 멋진 소방관이다. 동생은 그런 형을 동경하며 소방관이 되지만 형의 그늘에 가린 자신의 모습이 못마땅하다. 영화 속 불은 진짜 불이었다. 지금이야 CG가 있어 사실보다 더 사실 같은 장면이 나오겠지만 그때의 기술은 오직 진짜 불로만 스크린을 채울 수밖에 없었다. 난 눈 한번 깜박이지 못하고 불과 싸우는 영화 속 소방관의 모습을 숨죽이며 지켜봤다. 마지막에 주인공이 불 속으로 떨어지며 죽는 장면과 그를 떠나보내는 뉴욕 소방관들의 장례 모습에 결국 울음을 터뜨릴 수밖에 없었다. 비록 영화였지만 내가 본 소방관의 모습은 슈퍼맨보다, 배트맨보다 더 멋있었다. 그들이 나와 같은 '인간'이었다는 것이 더 감동이었다. 불에 타 무너져 내리는 건물에서 동료들과 함께 불에 맞서 사투를 벌이는 모습은 감동 그 자체였다. 초능력이 있는 슈퍼히어로라면 후 불어내는 입김 한 번으로도 불을 끌 수 있겠지만 소방관들은 자신의 목숨이 위태로움을 느끼면서 힘겹게 불과 싸운다. 영화라고 하기엔 너무 현실적인 그때의 영화 〈분노의 역류〉에서 소방관의 매력을 충분히 느낄 수 있었다.

이 영화 때문에 내가 소방관이 된 것이 아니다. 그저 영화 자체만으로 좋아했을 뿐이고 영화 속 소방관의 모습에 깊은 감동하였을 뿐이다. 영화의 감동과 기억이 세월의 흔적과 함께 조금씩 잊혔고 성인이 되고 세상에 나와 소방관이라는 직업을 갖기 위해 수험생의 길을 갈 때 이 영화를 다시 봤다. 노량진 공무원 학원에 다니며 하루하루 기약 없는 수험생 생활을 하던 어느 날, 벌써 두 번의 실패를 맛보고 소방관이 되고자하는 의지가 꺾일 때쯤 다시 분노의 역류를 봤다. 서울 영등포역 근처 허름한 비디오방에 혼자 가 진열대 아래 한구석에 있는 테이프를 겨우 찾아 점원에게 가져갔을 때 나를 바라보던 비디오방 아르바이트생의 말이 아직 기억난다.

"여기서 이 영화 보는 사람 처음 봐요."

대꾸도 하지 않은 채 안내받은 방으로 가 영화를 다시 봤다. 20대 후반의 나이에 다시 본 분노의 역류 속 배우는 여전히 멋있었다. 하지만 어릴 적 화려하고 멋있게만 봤던 나의 마음은 변해 있었다. 미치도록 영화 속 소방관이 되고 싶었다. 영화를 보는 내내 내가 커트 러셀이 되고, 윌리엄 볼드윈이 되었다. 화재조사담당관으로 나오는 로버트 드니로의 매력을 다시 발견한 것도 새로웠다. 컴컴한 비디오 방을 나오며 많은 인파 속을 홀로 걸으며 내가 가야 할 길은 오로지 소방관뿐임을 가슴에 새기고 또 새겼다. 현실과 영화는 다를 것이라는 생각도 들었지만 개의치 않았다. 그리고 얼마 후 난 소방관이 되었다. 역시 영화가 아닌 현실에서 맞닥뜨린 소방관의 모습은 영화 속 배우의 모습과 달랐다. 잘생기고 근육질 몸매의 할리우드 배우는 내가 들어간 소방 조직에는 잘 보이지 않았다. 하지만 난 실망하지 않았다. 영화보다 더 영화 같은 현실은, 영화는 그냥 스크린 속에 가상일 뿐임을 알게 했다. 그리고 나와 함께 불 속으로 뛰어드는 동료들은 영화배우보다 더 강인하고 멋졌다. 내가 그에 속해 있다는 것이 매일 자랑스러웠다. 그렇다. 어쩌면 소방관의 매력은 보이는 것이 다가 아니다. 하루하루 들이닥치는 많은 출동 속에 결코 인위적으로 만들어낼 수 없는 이야기가 소방관을 더 매력 있게 한다. 그렇게 오늘도 많은 소방관은 각본 없는 영화를 만든다.

Q1
소방관의 매력은
무엇인가요?

어려운 질문이다. 주변에서 멋있다는 이야기를 하긴 하지만 소방관인 내가 그런 것을 매력으로 내 입으로 말하기엔 참으로 민망하다. 물론 나의 동료들은 내가 봐도 멋있다. 선배들의 든든함은 언제나 닮고 싶은 모습이고, 날렵하고 세련된 후배 소방관을 보고 있으면 흐뭇하기만 하다. 어느덧 15년이라는 시간을 소방관으로서 살아온 내가 여태 봐온 동료들의 모습은 경이로움 그 자체였다. 그것은 잘생긴 얼굴도 아니고 멋들어진 몸매도 아니다. 외모에서 보이는 것을 무시할 수는 없겠지만 영화처럼 보이는 소방관의 모습보다 더 깊이 가려진 다른 곳에 소방관의 매력이 있음을 알았다.

우리가 사는 세상은 한 사람, 한 사람의 객체가 모여 사회를 이루고, 국가를 이룬다. 인간 세상은 오랜 시간 겪어온 많은 시행착오를 거쳐 지금의 사회적 시스템을 만들어냈다. 여전히 불안하고 온전하지 않지만, 현재의 사회적 시스템은 결국 각각의 구성원들이 자신의 위치에서 삶을 위해 열심히 살아갈 때 정상적으로 작동한다. 그렇게 열심히 살아가야 하는 개인의 삶이 타인에게 침범당하는 일이 없도록 일정한 규범을 정하고 그런 것을 지키며 사회를 건강하게 유지한다. 하지만 인간이 막지 못하는 불가항력의 사고는 정해진 규칙만으로 막을 수 없다. 불의의 사고는 사랑하는 가족, 친구, 동료의 삶을 힘들게 하고 때론 슬픈 이별을 하게 만든다. 소방관은 이런 사고를 막거나 위험에서 사회 구성원을 구하는 일을 한다. 내가 생각하는 소방관의 매력은 여기에 있다. 작건, 크건 사고로 인해 한 사람의 삶이 피해를 겪게 된다면 그런 사람이 속해 있는 작은 사회, 즉 가족, 직장은 연달아 피해를 보게 된다. 단순히 한 사람의 삶을 지키는 것뿐만 아니라 우리가 사는 세상을 그나마 안전이라는 테두리 안에서 벗어나지 않게 하는 것이 소방관의 존재 이유다.

'화재를 예방·경계하거나 진압하고 화재, 재난·재해, 그 밖의 위급한 상황에서의 구조·구급 활동 등을 통하여 국민의 생명·신체 및 재산을 보호함으로써 공공의 안녕 및 질서 유지와 복리 증진에 이바지함을 목적으로 한다.'

소방기본법 제1조의 문구다. 소방관이 되기 위해 시험을 치르면 첫 번째 문제로 가장 많이 나오는 글이다. 여기에 소방관의 매력이 있다고 생각한다. 소방관이 구하는 사람, 소방관이 처리하는 사고, 소방관이 출동하는 현장은 우리가 함께 살아가는 세상을 위한 위대한 일이라고 강조하고 싶다. 거창하거나 고답적인 말이 아니다. 이런 이유야말로 소방관의 매력일 것이고 그 매력이 소방관이 적어도 세상 사람들한테 과분한 존경과 사랑을 받는 이유일 것이다. 사람들이 대한민국을 위해 일하는 많은 공무원 중 소방관에 대한 신뢰가 높은 이유도 그렇지 않을까 한다. 죽음, 사고, 이별, 슬픔…. 인간이 겪는 가장 극단적인 감정이 뒤섞이는 현장으로 매일 달려가는 소방관들에게 어쩌면 연민 같은 것도 생길 것이다. 얼굴이 예쁘거나 잘생기지 않아도, 온몸에 시커먼 그을음을 뒤집어써도, 소방관은 세상을 안전하게 만드는 사람이라는 것. 타인을 위해 자신을 희생하는 사람이라는 것. 이것이 진짜 소방관의 매력이 아닐까? 활활 타오르는 불길 속으로 뚜벅뚜벅 걸어 들어가는 소방관의 뒷모습을 보자면 적어도 그들이 가지는 직업적 매력을 따지지 않더라도 작은 경외심은 생기지 않을까 한다.

Q2
소방관의 힘든 점은
무엇인가요?

요즘 서점에 가보면 사람의 심리나 감정에 관한 책이 많은 것을 본다. 물질적 풍요를 이루고 사는 현대사회에서 부족한 것이 없을 것만 같지만 현대인들은 어느 때보다 마음속 깊은 곳에 허전함과 남모를 아픔을 가지고 사는 것 같다. 끊임없이 경쟁해야 살아남는 사회, 지금 가진 것보다 더 많이 가져야 할 것 같은 사회, 자연의 흐름보다 인위의 시스템이 지배하는 사회. 그 속에서 살아가는 인간은 점점 기계의 부품처럼 조금이라도 맞물리지 못하며 튕겨 나갈 듯한 불안함에 갇혀 있는지도 모르겠다.

소방관으로서 살아온 지난날을 보고 있자니 수없이 봐온 삶과 죽음의 현장은 종이 한 장 차이의 극명한 감정 기복의 연속이었다. 어쩌면 당연한 듯 지나쳐온 시간이었지만 누군가의 주검을 수습하며 또는 죽어가는 사람을 구해내며 내 육체는 비록 움직이고 있었을지언정 마음은 조금씩 쪼그라들었지 않았을까 한다. 육체노동의 강도로 보자면 소방관보다 더 어려운 곳에서 일하고, 더 힘들게 살아가는 직업도 많다. 감정노동도 마찬가지다. 소방관의 심신이 다른 직업보다 더 힘들다고 말하려는 것이 아니다. 어쩌면 내가 살리거나 구하려는

271

사람을 구하지 못했다는 죄책감 같은 것일 수도 있고, 죽어가고 다친 타인이 내가 아는 누군가의 모습에 겹쳐 마치 그의 고통이 고스란히 나에게 전해지는 듯한 마음이 너무 생생해서 그럴 수도 있다. 뭐라고 똑 부러지게 말 못 할 마음의 상처가 나도 모르게 지난 15년의 세월 동안 삶 여기저기에 흔적으로 남아있을지도 모르겠다는 생각도 든다.

그렇게 생긴 마음의 생채기가 소방관을 힘들게 한다. 더 힘든 것은 소방관이기 때문에 괜찮은 듯 행동해야 하고, 힘들다고 말하면 소방관으로서 나약한 모습을 보이는 것 같은 알 수 없는 수치심이 드는 것이다. 그렇게 마음은 서서히 병들어간다. 현장 활동이나 행정업무가 힘들다고 말하지 못하는 것은 아니다. 하지만 가장 어려운 것은 자신의 마음이 힘들다고 하지 못하는 조직과 사회의 암묵적 분위기일 수도 있다. 이것은 소방관뿐만 아니라 지금을 살아가는 사람들 모두의 고민일 것이다. OECD 국가 중 자살률이 가장 높은 우리나라의 현실이 과연 이런 사회적 분위기와 관련이 없다고 할 것인가? 자신의 감정을 솔직히 털어놓기가 민망한 사회, 그런 사람을 진정으로 위로하고 함께 해주지 못하는 것이 지금도 강물에 스스로 몸을 던지는 사람이 줄어들지 않는 이유일지도 모르겠다. 그런 사람을 구하지 못했다는, 그런 가족, 친구, 동료의 마음을 보듬지 못했다는 또 다른 괴로운 죄책감이 여전히 내 마음에 깊숙이 남아있음을 고백하지 않을 수 없다.

누군가의 삶을 구하고 도움을 줄 수 있는 고귀한 일을 하면서도 늘 마음 한편에 남아있는 죄책감, 슬픔 그리고 분노…. 자신을 스스로 치유해가는 것도 소방관의 운명으로 알고 고스란히 받아들이지만 이제야 조금씩 보이는 진짜 아픈 현실이 소방관으로서 남은 삶을 살아가며 해결해야 할 숙제인지도 모르겠다.

소방관으로서
언제 가장 보람을 느끼나요?

말해 무엇하랴. 누군가에게 도움이 되었을 때 가장 큰 보람을 느낀다. 사고 현장에서 생사를 오가던 구조 대상자가 온전히 구조되어 건강한 모습으로 인사를 하러 찾아오면 내 가족과 같이 기쁜 마음이다. 하지만 더 중요한 것이 있다. 뭔가 거창하고 대단한 현장에서만 이런 보람을 느끼는 것은 아니다. 소방의 도움이 필요한 누구에게라도 힘을 나눌 수 있는 그런 현장에 다녀오면 마음은 늘 흐뭇하다. 굳이 누군가를 구하는 현장이 아니라도 좋다. 생활 속에 겪는 불편함을 소방관이 가서 해결해줄 때도 우리의 마음은 가볍다. 손가락에 끼인 반지를 빼주고, 작은 양동이에 끼인 아기를 꺼내주는 웃지 못할 출동을 무사히 마치면 119를 부른 사람이나 출동한 소방관 모두 미소 지으며 현장을 마무리한다. 가족같이 아끼는 애완동물을 구해줄 때도 신고한 사람은 진심으로 고마워한다.

막내 구조대원 때 겪은 일 중에 이런 일도 있었다. 자신의 집에 커다란 이구아나가 들어왔다는 것이다. 이구아나라면 남태평양 갈라파고스섬에 주로 서식하는 커다란 도마뱀이 아닌가? 그런 이구아나가 부산 시내 한복판에 있는 가정집에 들어왔다니 출동을 하면서도 참 희한한 일이라 생각했다. 하지만 긴장을 늦출 수는 없었다. 도착한 작은 가정집 거실에 신고 한 초등학생 남자아이가 있었는데 잔뜩 겁에 질린 표정이었다. 주말 오후 낮잠을 자다가 눈을 떠보니 눈앞에 이구아나가 기어가고 있었다고 한다. 소스라치게 놀라 거실로 뛰쳐나와 방문을 닫아놓고 119에 전화를 했다고 하는데, 일단 진정시켜 놓고 조심스럽게 아이가 잤던 방문을 열고 들어갔다. 같은 파충류인 뱀을 잡는 집게를 들고 들어갔는데 정말 이구아나라면 그깟 집게 가지고는 턱도 없을 일이었다. 잔뜩 긴장한 몸으로 아이가 자던 작은 방 구석구석 뒤지기 시작했는데 아무리 찾아도 이구아나는 나오지 않았다. 그러다 잠시 책장 벽면을 보니 손바닥보다 작은 도마뱀 한 마리가 기어가는 것을 보았다. 일단 보이는 것이니 얼른 가서 손으로 감싸 잡았다. 두 손으로 조심히 감싸 쥔 짙은 청록색 도마뱀을 가지고 거실로 나왔다. 아이에게 손을 벌려 살짝 보여주자 아이는 눈이 휘둥그레지며 말했다.

"분명 커다란 이구아나였는데…."

말인즉 이렇다. 아이는 옆으로 누워 자다가 얼굴에 무언가 기어 다니는 거 같아 눈을 떴는데 눈 바로 앞에 도마뱀이 기어가는 것을 보고 잠결에 마치 커다란 이구아나로 착각했다. 비명을 지르며 119에 신고했던 아이는 우리가 잡은 도마뱀을 보고 머쓱한 표정을 잠시 짓더니 연신 고개를 숙이며 죄송하다며 기어가는 목소리를 냈다. 그래도 살아있는 생명이기에 도마뱀을 주택가 골목에 살려 보냈다. 덩치 큰 소방관 아저씨 4명이 커다랗고 빨간 구조공작차를 타고 와서 이구아나를 잡는다고 한바탕 소동을 했으니 아이는 미안한 마음에 당장이라도 울 것 같은 표정이었다. 나와 동료들은 그런 아이를 달랬다. 위험하다고 생각해서 신고했다면 너의 판단은 옳은 것이며, 미안해할 필요가 없다고 알려줬다. 아이는 울먹이는 말투로 고맙다고 하며 떠나는 우리를 향해 골목까지 나와 인사를 했다.

소방관도 누군가의 아빠이고 남편이고 삼촌이고 이웃이다. 사람 사는 곳에서 생기는 말 못 할 사정을 가진 일을 소방관에게 부탁하는 경우가 많다. 무엇이든 도움이 된다면 우리가 못 할 일이 무엇에 있으랴? 하지만 인력, 시간 등 현실적 문제로 소방관의 출동 범위는 제한되지만, 일상의 위험에 대처하는 생활 안전출동은 여전히 우리의 몫이다. 그런 곳에서 일어나는 작은 에피소드는 결국 우리가 하는 일이 세상 사람 모두를 편하게 하는 일임을 알기에 그곳에서 생기는 보람은 오늘도, 내일도 소방관을 현장으로 달려나가게 한다.

3 소방관의
미래

4차 산업혁명, 인공지능AI, 메타버스와 같은 단어가 요즘 많이 등장한다. 우리가 사는 시대는 하루에도 몇 번씩 요동칠만큼 빠르게 변하고 있다. 지금 순간에도 새로운 세상에 새롭게 적용되는 기술이나 시스템이 생겨난다. 사람들은 혼란스러우면서도 어느덧 새로운 문명을 받아들이며 적응한다. 이렇듯 미래는 성큼성큼 빠르게 우리에게 다가오고 있다. 특히 코로나 이후 세상은 지금 가지고 있는 사회적 시스템으로는 미래를 충분히 대비하지 못할 것이라 경고했다. 구조적 문제를 개선하고, 보다 효과적으로 삶을 이뤄나가기 위한 제도와 기술의 변화는 이미 시작되었다. 사람의 직업도 마찬가지다. 먹거리는 점점 줄어들고 새로운 일자리를 창출해야 하며 사라질만한 직업도 쉽지 않게 보인다.

전문가들은 특히 인공지능으로 인해 인간의 일자리가 줄어들 것이라고 예상한다. 2018년 LG경제연구원은 영국 인공지능 전문가들과 함께 국내 423개 직업에 적용한 '인공지능에 의한 일자리 위험 진단' 보고서를 발표했다. 보고서에 따르면 우리나라 일자리의 절반 이상이 인공지능에 의해 대체될 것이라고 한다. 그중에서도 사무직, 판매원, 기계 조작·조립 종사자 등은 대표적으로 사라질만한 직업으로 소개했다. 인공지능으로 대체될 확률이 70%를 넘는다. 제조업의 상징인 공장에서의 공정도 인공지능을 탑재한 로봇이 장악할 것이며 서비스업 역시 다수가 대체될 영역으로 꼽는다. 이미 무인점포나 음식매장의 로봇 서비스 등이 나타났다. 그렇다면 사라지지 않는 직업은 무엇일까? 아니 더 발전할만한 직업은 무엇일까? 소통·Communication 이 중요한 직업군은 인공지능이 대체하기 어렵다고 판단한다. 또 기술개발자와 같은 분야도 더 발전할 모양새다. 교사나 의사, 한의사, 심리상담사, 요양사와 같이 사람과의 소통이 중요한 직업은 더 돋보이게 된다고 한다. 예술 분야도 비슷하다. 공연기획자, 영화감독, 시나리오 작가, 연기자와 같이 인간의 영역에서 고유의 창의성이 발휘되어야 하는 분야도 인공지능으로 대체되기 힘든 분야다.

그렇다면 소방관은 어떨까? 개인적인 생각으로는 사라질 만한 요소와 더 발전할 만한 것의 경계에 있다고 본다. 좀 더 구체적으로 보자면 위험, 사고에 대한 예방이나 진단 분야는 대체될 만한 여지가 있다. 인간이 만들어내는 구조물에 대한 화재나 붕괴 등의 위험성을 예측하고 진단하는 분야는 기술이 더 발전함에 따라 소방관이 직접 눈으로 확인하는 시대는 점점 사라지지 않을까 한다. 축적된 데이터로 사고를 예방하는 방어적 개념의 대응 시스템의 개발은 이미 시작되었다. 또 사고를 분석하고 화재의 원인을 조사하는 분야도 그렇다. 완전히 대체되지는 않더라도 사람의 손이 필요치 않게 될 만한 것이 개발될 수도 있다고 본다. 분야별로 보자면 화재진압은 기계의 힘을 더욱 빌릴 것이다. 특히 대형화재나 특수화재의 경우 더 그렇다. 이것은 어찌 보면 위험을 대체하는 기계의 발달이라는 의미에서 소방관의 안전확보에도 도움이 된다. 어떤 방식으로 개발될지는 의문이지만 앞서 말한 예방적 대응과 결합하여 화재진압 분야는 인간과 기계가 공존하는 소방분야가 될 가능성이 크다.

구조와 구급은 조금 다르다. 구조 분야는 기계장치에 의존하는 경향이 높지만 그런 기계장치는 결국 인간의 손에 의해 조작되는 영역이다. 다시 말해 누군가를 구하기 위한 최종적 움직임은 아직 인간의 손에서 이뤄지는 것이다. 인간의 손으로 인간을 구해야 하는 고도의 정밀한 작업은 기계적 움직임으로 대체되기 힘들다고 본다. 또한, 구조 현장의 환경, 사고상황, 인력 등 다양한 조건에 의해 구조 대상자를 구할 수 있을지 없을지가 판단된다. 이런 데이터는 구조대원의 경험적 판단과 구조 대상자와의 소통으로 이뤄진다. 구급의 경우도 마찬가지다. 앞서 의사와 같은 직업도 미래에 더 발전할 여지가 있듯이 구급대원도 그렇다. 특히 구급대원은 사고를 당해 다치거나 죽음에 이를 수도 있는 환자를 가장 먼저 처치해야 하는 술기를 발휘해야 한다. 이것은 사람의 몸을 다루는 매우 전문적인 분야이며 단순히 기계적 움직임이 아니라 환자와의 또 다른 교감을 통해 이뤄져야 한다. 달리는 구급차 안에서 한 사람의 생명을 살리기 위한 많은 처치는 아직 대체되기에는 이르다.

내가 소방관이라서 직업적 이기심 때문에 소방관은 결코 다른 무언가로 대체될 수 없다고 말하는 것은 아니다. 말했듯이 기술 집약적인 부분도 있기에 일정 부분 대체될 여지도 있다고 본다. 하지만 중요한 것은 사람과 사람의 교류다. 소방관은 진정 타인을 위한 지극한 봉사심과 희생정신을 바탕으로 하는 직업임을 알기에 인공지능이나 기계장치가 결코 들어설 수 없는 인간 본연의 임무가 있다고 나는 확신한다. 여전히 내가 나가는 현장은 사람이 같은 사람을 구하기 위한 곳이다. 누군가의 가족, 친구를 살리기 위한 고귀한 과정이다. 단순히 육체적 표현으로만 판단하여 살고 죽는 것을 결정할 수 없다. 인간이 가진 최소한 감정과 비록 얼굴은 모르지만 살려야 한다는 간절함이 손으로 뻗어 나와야 하는 직업이다.

막내 구조대원 시절, 커다란 고기 절단 기계에 팔이 끼인 한 여성을 구하기 위해 온몸에 피를 뒤집어쓰면서 끝까지 포기하지 않았던 선배가 기억난다. 응급실의 의료진마저 팔을 절단해야 한다고 했지만, 선배는 끝까지 해봐야 한다며 몇 시간을 기계와 사투를 벌였다. 결국, 선배의 노력으로 기계는 해체되었고 비록 손상이 많이 되긴 했지만 구조 대상자의 팔은 절단되지 않고 꺼낼 수 있었다. 인간과 기계의 싸움에서 인간이 이긴 게 아닐까 한다. 그때 선배에게 난 물었다. 의사도 그렇게 말하고 우리가 봐도 도저히 안 될 거 같은데 왜 끝까지 포기하지 않았느냐고. 선배는 이렇게 말했다.

"그러면 안 되지. 구조대원이면 끝까지 해봐야 하는 거야. 그리고 거기다가 그 여자가 앞에서 팔이 낀 채로 울고 있는데 도저히 못 그만두겠더라고."

소방관이라는 직업이 대체될 수 없는 인간만의 영역임을 알
게 해준 선배의 말이 여전히 내 가슴속에 남아있다.

소방관의 미래 전망은
어떤가요?

인간은 나약한 존재이다. 태초부터 그렇다. 선사시대, 비바람이 불고 눈보라가 치는 거친 자연환경에서 살아남기 위해 깊은 동굴로 숨어들었다. 체온을 보호하는 털과 두꺼운 피부를 지닌 다른 동물과는 비교가 안 될 만큼 약한 육체를 가지고 있었다. 인간보다 강하고 포악한 육식동물로부터 도망가거나 숨기 위해 더 안전한 곳을 찾아야 했다. 때론 대항하기 위해 무기를 만들었다. 불을 사용하며 비약적인 문명의 발전을 이뤘고, 수 세기에 걸쳐 나약한 육체를 보호하기 위한 수단을 만들어왔다. 이런 과정을 거치며 '안전'이라는 결코 양보할 수 없는 가장 높은 가치가 인간 사회에 정립되었다. 소위 배부르고 등 따시고 싶은 마음이 자리 잡은 것이다. 당연히 가지게 되는 욕구다. 우리가 이뤄놓은 사회적인 안전망은 모두 이런 가치 실현에 맞춰져 있다고 해도 과언이 아니다. 신체적 고통으로부터 또는 죽음으로부터 자신과 가족 그리고 사회적 구성원을 지키기 위한 인간의 노력은 그래서 지금도 계속되고 있다.

하지만 완전할 것 같은 현대문명도 절대 안전하지 않다. 2020년 우리나라의 전체 사망자 중 질병 이외의 외부요인으로 사

망한 '사망 외인 사망률'은 전체 사망의 10%에 달한다2021년 9
월 통계청 발표자료 인용. 10명 중 1명은 교통사고, 추락, 자살, 타살,
붕괴 등 외부요인으로 죽는다. 이른바 제명대로 살지 못하고
비명非命에 죽는 것이다. 이런 죽음은 노환이나 질병으로 인한
죽음보다 매우 고통스러운 결과를 가져온다. 특히 가족이나
주변 사람들은 불현듯 찾아온 죽음에 큰 충격을 받는다. 이런
슬픔의 고통은 사고가 클수록 전염성도 크다. 우리나라는 과
거 삼풍백화점 붕괴나 세월호 침몰과 같은 국가적 재난을 겪
으며 온 나라가 슬픔에 빠진 적이 있다. 그래서 우리는 사고
를 예방하고 또 사고가 났을 때 인간의 생명을 보호하기 위한
제도적 장치를 마련해놨다. 그중 핵심적인 역할을 하는 것이
바로 '소방'이다.

장황하게 설명했지만, 결론은 아무리 문명이 발달해도 인간이 만든 것들과 그 주변의 위험요소는 절대 사라지지 않는다. 아니 오히려 더 증가할 수도 있다. 그러기에 소방은 현재도 미래도 더 필요하면 필요하지 축소되지 않을 거라 말할 수 있다. 시스템은 변형될 수 있겠지만 사람을 보호하고 사회의 안전을 지키는 가장 기본적인 수단 중 하나인 소방의 미래는 그래서 더 발전되어야 한다. 소방을 구성하는 인력소방관과 장비에 대한 양적, 질적 성장에 국가는 더 많은 투자를 해야 한다. 거대해지고, 복잡해지는 사회 간접 시설에 비례해서 말이다. 소방은 생활 속 작은 불편함부터 국가적 재난 상황에 대비하는 국가 총괄 대응기관이다. 소방을 한자어로 보자면 사라질 소消, 막을 방防이라는 뜻인데, 이것은 단순히 불을 끄는 개념이 아니라 모든 위험에서부터 오는 위험을 막고, 불안을 사라지게 한다는 뜻이 담겨있다고 본다. 바로 이 두 글자가 소방의 과거, 현재 그리고 미래를 말해주고 있다.

소방관으로서
꿈꾸는 미래가 있나요?

스물한 살이던 1998년 9월 군에 입대했다. 2년 정도 일반병으로 복무하다가 부사관으로 신분전환을 해서 다시 직업군인으로 4년을 더 일했다. 잠시 민간 기업에서 일하다가 소방관이 됐고 소방관으로 14년을 살았다. 20여 년을 제복을 입은 공무원으로 산 것이다. 어릴 적 꿈도 아니었고 대단한 삶도 아니었지만 내가 선택한 길에 후회는 없다. 해군 특수부대 UDT에서는 고단했지만, 자부심 넘치는 시간을 보냈다. 그 시절은 내가 소방관으로 살아갈 수 있는 토대가 되었고, 평생 직업으로 선택한 소방관의 길 역시 힘들지만 보람되게 살아왔다 자부한다. 단순히 계산해보니 앞으로 대략 15년 정도 소방관으로 더 살아가야 한다. 물론 중간에 내가 죽거나 다쳐서 이 일을 그만두게 되지 않는다면 말이다. 불혹의 나이가 지나고 어느새 나도 마흔 중반이 되니 내가 살아온 지난날을 한 번쯤 되돌아보게 된다. 거칠었고, 서툴렀으며 뭐 하나 제대로 할 줄 몰랐던 지난 날들이었다. 민망하고 부끄러운 기억이 대부분이지만 그런 실패와 좌절의 시간마저도 지금의 나를 만들어준 귀한 보석이다. 그러다 보니 앞으로 가야 할 길이 조금은 보이는 듯도 하다. 대단한 꿈이나 원대한 계획이 있는 것은 아니다. 그저 살아온 나만의 역사를 누군가에게 이야기해주고 그것이 가끔은 타인에게 어떤 도움이 되었으면 좋겠다는 생각만 해본다.

그래서 글을 쓴다. 언제부터인지 정확하지는 않지만 난 글을 썼다. 살아온 시간 동안 겪은 기억과 경험을 기록으로 남기고 싶었다. 군인으로, 소방관으로 그리고 한 남자로서 살아온 날을 글로 남기고 싶었다. 이런 글을 모아 책으로 만들고자 하는 것이 지금 나의 소박한 꿈이다. 나를 찾아와 지난 이야기를 들려주기를 바라는 사람들이 있다면 더 좋겠다. 어려서부터 말하기를 좋아했고 지금도 그렇다. 글을 남기고 그런 글을 가지고 강연을 하고 싶다. 소방관으로서 살아온 삶의 기억이 쉽지 않았고 평범하지 않았기에 그 속에서 작은 교훈이라도 찾아 누군가에게 들려주고 싶은 마음이다. 그렇게 작가 또는 강연가로 제2의 삶을 살아가고 싶다. 그래서 지금 나의 SNS 닉네임은 '글 쓰는 소방관'으로 되어 있다. 글은 내가 살아가게 하는 중요한 수단이다. 읽고 쓰는 삶이 탁한 세상을 이겨낼 수 있는 유일한 길이라 믿고 있기 때문이다. 거칠고 힘든 소방관으로의 삶을 지탱할 수 있는 나만의 무기라고도 여긴다. 나뿐만 아니라 동료들의 이야기도 쓰고 싶다. 더 힘들고 영화 같은 현장을 겪은 동료들의 삶을 언젠가 글로 펼치고 싶다. 그것은 나를 위한 것도, 내 동료를 위한 것도 되지만 어쩌면 글을 읽는 모든 이를 위한 일이기도 하다. 나와 내 동료가 겪어 온 삶과 죽음의 현장은 결코 다른 세상의 이야기가 아닌 우리가 살아가는 지금의 모습이기 때문이다.

딱히 구체적이진 않다. 내 기억은 휘발성이 강하고 마음 한구

석의 심란함이 여전하기에 글을 얼마나 잘 쓸지 누군가에게
나의 마음을 얼마나 잘 전달할 수 있을지 의문이 든다. 하지
만 꿈은 꿈이다. 그 자체만으로 아름답다. 그리고 소방관으로
서 삶을 끝까지 지킬 것이다. 혹여 내가 알 수 없는 운명이 소
방관 생활을 종지부 찍게 할지라도 스스로 그만두는 일은 없
을 것 같다. 다만 차곡차곡 글을 쓰고 조심스럽게 모아 한 번,
두 번 그렇게 세상에 보여 나가고자 한다. 동시대를 살아가는
사람들이 나와 내 동료와 같은 소방관들이 있었음을 기억해
주길 바라는 작은 욕심이 내 꿈을 만들어가는 원동력이다.

Q3
예비 소방관을 위해
조언 한마디 한다면?

요즘 TV에 군대식 예능프로그램이 나온다. 특수부대를 전역한 젊은이들이 나와 서로 경쟁하며 임무를 수행한다. 나 역시 그런 특수부대 출신이고 내가 전역한 부대의 후배들도 나오기에 관심을 가지고 재미있게 본 기억이 있다. 거기에 나오는 출연자들은 모두 다 강인한 육체를 자랑한다. 군살 하나 없는 근육질 몸매로 한계를 뛰어넘는 힘든 도전을 즐긴다. 시청자가 보기엔 도저히 믿기 힘든 어려운 임무를 이를 악물고 해내는 그들의 모습을 보면 육체적 강인함에 더해 정신적으로도 충분히 단련되어 있음을 느낀다. 이런 밀리터리 예능프로그램에 소방관들이 다수 등장했다. 여러 번 언급했듯이 소방관 중에는 특수부대 출신들이 많다. 이들은 다른 출연자 중에서도 월등한 기량을 자랑한다. 육체적으로든 정신적으로든 말이다. 같은 소방관으로서 지켜보고 있자면 매우 자랑스럽고 든든하다. 저런 후배, 저런 동료들과 함께 일한다는 것 역시 영광이다.

그래서 소방관을 꿈꾸는 예비 소방관들에게 굳이 무언가를 조언한다면 바로 육체적 강인함이라고 말하고 싶다. 결국, 우리의 일은 현장에서 이루어지고 현장은 자신이 가진 몸의 움직임으로 결과가 만들어진다. 소방관의 현장은 스포츠 경기처럼 기록을 남기거나 승부를 보는 게임이 아니다. 살려야 하고 살아야 하는 처절함의 현장이다. 그러기에 자신의 몸은 누군가를 살리는 가장 큰 무기가 된다. 그리고 나를 살리고 동료를 살리는 힘도 육체에서 나온다. 물론 이것이 다가 아니다. 화재, 구조, 구급 현장에서 몸으로만 모든 것을 이뤄낼 수 없음을 누구보다 잘 안다. 기술, 경험, 동료와의 조화 등 모든 것이 합을 이룰 때 우리의 일은 빛을 발한다. 다만 소방관이 되고 싶은 젊은이들이 소방관이 되고자 하는 시점에서 준비할 것을 말하는 것이다. 당연히 채용에 중요한 기준이 되는 이론 시험도 철저히 준비해야 한다. 무엇이 더 중요하고 무엇이 덜 중요하다고 하는 것이 아니라 현실적인 조언들 하고자 위함이다.

혼자서는 버티기도 힘들 만큼 강한 수압의 관창을 들고, 고층 아파트를 뛰어 올라가 불타오르는 현장에 뛰어들어야 하고, 교통사고로 찢기고 발겨진 승용차 안에 끼인 사람을 꺼내야 하며, 뛰지 않는 심장을 수백 번 압박해야 하는 힘은 우리가 가진 육체에서 시작된다. 거기에 필요한 기술과 경험은 소방관이 되고 나서 자연스럽게 익혀나갈 수 있다. 하지만 육체의 강인함은 소방관이 되기 전이든 소방관이 되고 나서든 자신이 관리하지 않으면 안 된다. 난 후배들에게 가끔 소방관을 프로스포츠 선수에 비교한다. 자기 몸을 잘 돌보지 않아서 아프거나 다치면 안타깝게도 우리의 몫을 다할 수 없게 됨을 강조한다. 때론 냉정하게 들릴 수도 있겠지만 지극히 현실적인 조언이다.

시커먼 연기 속에서 차가운 물 속에서, 피가 튀고 내장을 들어낸 채 죽어가는 환자 앞에서 물러섬 없이 해야 할 일을 해야 한다. 그런 힘은 끊임없이 반복되는 실전과 같은 훈련의 결과일 것이고, 또 힘든 과정을 견뎌내며 자기도 모르게 학습된 훈련의 결과물일 것이다. 왜 소방학교에 처음 입교한 신임 소방관들이 입에 단내가 나도록 체력단련을 하는지 난 잘 안다. 그렇게 단련된 육체의 힘은 결국 소방관이 가져야 할 가장 기본적인 덕목이기 때문이다. 멋진 몸매를 가꾸지 않아도 되지만 소방관으로서 임무를 수행할 수 있는 최소한의 육체적 강인함을 반드시 갖추길 바란다. 단단한 몸에서 나오는 자신감은 우리가 위험에 기꺼이 맞설 수 있게 해주는 자신감을 줄 것이다. 그리고 그런 힘을 함께 가지고 공유할 수 있는 동료가 내 옆에 있을 때 소방관은 더 강해질 것이라 믿는다. 지금 글을 읽고 있는 당신이 혹시 소방관이 되고 싶은 사람이라면 더욱 그렇게 해주길 바란다.

현직 소방관이
사용하는

무전 용어

소방관들은 현장에 출동하게 되면 간략하고 명확히 의사를 전달하기 위해 '소방무선통신 약어'를 사용한다. 무전 용어는 긴박한 현장 상황을 다른 소방관이나 지휘부서에 전달할 때 장황하게 설명하기보다 어떠한 단어를 간략하게 표현한 약어로 전달함으로써 효율적인 의사소통을 가능하게 한다. 이런 무전 용어는 소방관이 사용하는 '화재진압 실무 매뉴얼'에 다양한 표준 약어 60여 개로 정리되어 있다. 그중 가장 많이 쓰이는 몇 가지를 소개한다.

1 화재: 하나 아홉
2 산불: 둘 아홉
3 구조: 구하나
4 구급: 구둘
5 잠시 대기: 비기
6 철수: 비철
7 출동: 비발
8 인명피해: 인피
9 재산피해: 재피
10 완전진화 : 완진

11 급자: 구급 환자
12 무기: 무전기
13 감양: 무전기 감도 양호
14 감불: 무전기 감도 불량
15 재송: 다시 한번 말하라
16 사사: 조사 중
17 사륙: 알겠나?
18 사칠: 알겠다
19 사팔: 현재 위치는?
20 경인: 경찰

이 중에 소방관들은 '사륙'과 '사칠' 그리고 '사팔'을 가장 많이 사용한다. 특히 이 세 가지 용어는 일상적으로도 자주 쓰는데 문자 메시지를 주고받을 때 나름 유용하게 쓰인다. 후배와 퇴근 후 약속이 있다고 한다면 다음과 같은 문자 대화가 가능하다.

나　사팔?(어디냐?)
후배　현 사팔 해운대 해수욕장!(지금 해운대 해수욕장입니다!)
나　광안리로 신속 비발! 사륙?(빨리 광안리로 와라! 알겠나?)
후배　사칠!(알겠습니다!)

이런 식이다. 길게 말하지 않아서 좋고, 의미 전달은 확실하니 무전 용어지만 소방관들이 일상에서 즐겨 쓴다. 나는 사칠을 좋아하는데 숫자 '47'로 표현하면 더 간단하게 사용할 수 있다.

EPILOGUE

지난겨울 쓰기 시작한 글이 봄을 하나 보내고 한여름이 돼서야 마무리되었다. 신변의 변화도 있었다. 특수구조단 소속으로 글을 쓰기 시작했지만, 그 사이 소방학교로 일터를 옮겼다. 다사다난했던 글쓰기의 날들이었다. 글을 쓰는 동안 게으른 성격에 말 못 할 사정까지 겹쳐 뜻대로 글이 쓰이지 않았다. 노트북의 하얀 화면만 켜놓은 채 도저히 정리되지 않는 상념에 빠져 하릴없이 흘려보낸 날도 무수히 많다. 소방관이 되고자 하는 사람과 소방관에 대해 알고 싶은 사람들에게 해 줄 말이 많이 있었는데 모조리 어디론가 사라진듯한 느낌이었다. 차가운 강물에 '몸을 던진 사람을 찾기 위해 겨우내 강물 속을 이 잡듯이 뒤지는 날이 계속됐고, 겨우 봄이 끝날 때쯤 잦아들었다. 겨우 누군가를 찾으면 바로 다음 날 또 다른 누군가가 물에 잠겼다. 내 일이 우선이고 글은 다음이라는 마음도 있었지만 참 맘 편치 않은 일을 하는 팔자가 가끔은 기구하다 느꼈다. 그것이 다가 아니다.

김동식
노명래
신진규

296

이성만

안동렬

양영채

좌재호

이성찬

차영호

김광철

성재현

김영환

김대현

박정근

이강운

정석만

김희수

표승완

2022년 6월 6일 현충일에 순직 소방관 18명의 위패가 천안에 있는 소방충혼탑에 봉안되었다. 소방충혼탑은 최근 국가 현충시설로 지정되었고 이곳에는 자신의 생명을 던져 산화한 소방관 420여 명의 혼이 잠들어있다. 부디 바라건대 이 글을 읽는 모든 이가 그들의 넋을 잠시라도 기려주기를 바란다.

지난봄, 구조대에서 함께 일하던 어린 후배가 스스로 목숨을 끊었다. 그때의 충격과 슬픔은 아직도 살아 숨 쉬는 나를 힘들게 한다. 무엇보다 후배가 죽음을 선택하기까지 그의 마음을 알아주지 못했다는 커다란 죄책감이 여전하다. 지금 쓰는 이 글이 혹여 떠나버린 후배의 마음을 티끌만큼이라도 보듬을 수 있기를 바라지만 이제 와서 '왜 그랬니?', '무엇이 그리도 힘들었니?'라고 물어볼 수 없기에 그저 떠난 이를 그리워하는 슬픔만 간직하고 사는 현실이 마냥 더 아플 뿐이다.

그때마다 혼란스러웠다. 그렇게 동료의 죽음을 바라보며 과연 내가 이 글을 쓸만한 자격이 있는가 하는 의문이 들었다. 소방관이라는 직업이 이렇노라고 떠들어댈 때 또 다른 소방관은 현장에서 쓰러져갔거나 스스로 세상을 버렸다. 소방관의 숭고한 희생정신을 내 손으로 써내기가 민망했거니와 떠나버린 동료들에게 생기는 알 수 없는 죄스러움 때문에 글은 쉽게 나오지 않았다. 하지만 써야 했다. 이 땅 6만여 명의 소방관들이 이렇게 일하고 있음을 알려야 했다. 감정에 휩쓸려 혹여 소방관을 든든히 여기는 독자들에게 나약함을 드러내지 않았나 싶었지만, '영웅'이라 불리는 우리의 속내가 이렇다고 정도의 말은 꼭 하고 싶었다. 그렇게 온 힘 다해 썼지만 뒤돌아 글을 보니 고쳐도 고쳐도 부족해 보인다. 또 내가 전하려는 이야기와 정보들이 읽는 이에게 작은 도움이 될 바라는 마음이 간절하다. 내 글이 누군가에게 희망이 되기를 바란다는 나의 마음은 소방관이라는 직업을 가지고도 글을 써보자 했을 때부터 굳게 다짐했던 마음이다.

나는 소방관이다. 글은 내 방 작은 책상 앞에서 쓰고 있지만, 나의 일터는 현장이다. 글은 혼자서 쓰지만 내가 하는 일은 나의 동료들과 함께다. 글을 쓰고, 현장을 뛰어나가는 두 가지 일을 하지만 내가 가지는 목표는 하나다.

'안전한 세상.'

내 가족, 친구, 이웃을 사고로 다치거나 죽는 일이 없도록 하는 것이 내가 출동을 하고 글을 쓰는 큰 이유다. 보이지 않는 무언가가 이런 나의 목표를 도울지 모르겠지만 그저 할 수 있는 능력 안에서 앞으로도 계속 누군가를 구하기 위해 일을 하겠다. 또한, 그것이 먼저 떠난 동료들이 바라는 일이었으리라 생각된다. 대단한 사명감이나 숭고함까지 아니어도 된다. 난 소방관이고 내 직업은 당연히 그런 일을 하는 것이기에 몸의 기력이 다하거나, 혹시 동료들보다 먼저 가는 일이 아니라면 끝까지 내 일을 해 갈 것이다. 그것이 소방관이라는 직업이다.

2022년 9월, 가을이 저물어가는 날에

불길을 걷는 소방관

초판 1쇄 발행 2022년 12월 19일
초판 4쇄 발행 2024년 7월 31일

글 김강윤
발행인 채종준

출판총괄 박능원
책임편집 김채은
디자인 김예리
마케팅 문선영 · 전예리
전자책 정담자리
국제업무 채보라

브랜드 크루
주소 경기도 파주시 회동길 230 (문발동)
투고문의 ksibook13@kstudy.com

발행처 한국학술정보(주)
출판신고 2003년 9월 25일 제406-2003-000012호
인쇄 북토리

ISBN 979-11-6801-888-4 03040

크루는 한국학술정보(주)의 자기계발, 취미 등 실용도서 출판 브랜드입니다.
크고 넓은 세상의 이로운 정보를 모아 독자와 나눈다는 의미를 담았습니다.
오늘보다 내일 한 발짝 더 나아갈 수 있도록, 삶의 원동력이 되는 책을 만들고자 합니다.